应对气候变化立法研究

田丹宇◎著

电子工业出版社
Publishing House of Electronics Industry
北京·BEIJING

内 容 简 介

本书基于作者多年从事应对气候变化立法的研究经验，论证了中国开展应对气候变化立法的背景、必要性、立法基础、立法形势和立法空间。本书在论证中国应对气候变化制度体系的基础上，分章节论证了中国应对气候变化的管理体制、减缓气候变化的法律制度、适应气候变化的法律制度等立法涉及的核心问题，跟踪梳理了国外开展应对气候变化的立法情况、国内地方层面应对气候变化的立法探索，并就应对气候变化诉讼问题进行了讨论，以期有更多读者关注中国应对气候变化法制建设事业，推进中国应对气候变化法治进程。

未经许可，不得以任何方式复制或抄袭本书之部分或全部内容。
版权所有，侵权必究。

图书在版编目（CIP）数据

应对气候变化立法研究 / 田丹宇著. —北京：电子工业出版社，2020.5
ISBN 978-7-121-38620-6

Ⅰ. ①应… Ⅱ. ①田… Ⅲ. ①气候变化—立法—研究—中国 Ⅳ. ①D922.680.4

中国版本图书馆 CIP 数据核字（2020）第 034470 号

责任编辑：李　敏
印　　刷：涿州市般润文化传播有限公司
装　　订：涿州市般润文化传播有限公司
出版发行：电子工业出版社
　　　　　北京市海淀区万寿路 173 信箱　　邮编：100036
开　　本：720×1 000　1/16　印张：14.25　字数：192 千字
版　　次：2020 年 5 月第 1 版
印　　次：2022 年 4 月第 2 次印刷
定　　价：79.00 元

凡所购买电子工业出版社图书有缺损问题，请向购买书店调换。若书店售缺，请与本社发行部联系，联系及邮购电话：(010) 88254888，88258888。
质量投诉请发邮件至 zlts@phei.com.cn，盗版侵权举报请发邮件至 dbqq@phei.com.cn。
本书咨询联系方式：limin@phei.com.cn 或 (010) 88254753。

前　言

积极应对气候变化是生态文明建设的重要组成部分，是保障国家生态环境安全、推进高质量发展的内在要求，也是中国深度参与全球治理、打造人类命运共同体的责任担当。在应对气候变化工作的新起点、新形势、新要求下，通过开展研究，推进应对气候变化立法进程，为应对气候变化工作提供法律依据和保障十分必要，也非常紧迫。

在国内层面，习近平主席多次强调应对气候变化"不是别人要我们做，而是我们自己要做"。党的十九大报告提出，要加快建立绿色生产和消费的法律制度和政策导向。习近平主席在全国生态环境保护大会上强调，用最严格制度最严密法治保护生态环境，加快制度创新，强化制度执行，让制度成为刚性的约束和不可触碰的高压线。2018年中共中央印发的《社会主义核心价值观融入法治建设立法修法规划》提出，促进人与自然和谐发展，建立严格严密的生态文明法律制度。加快建立绿色生产和消费的法律制度，把生态文明建设纳入制度化、法治化轨道。开展应对气候变化立法是促进《宪法》实施，落实中央立法修法规划精神，健全生态文明法律体系的题中之意。《应对气候变化法》在中国国内法律体系具有独立的法律主体和法律客体，是可调整的、独立的法律关系，具有充足的立法空间。

在国际层面，长期以来通过深度参与国际气候变化谈判，引导应对气候变化国际合作，中国成为全球生态文明建设的重要参与者、贡献者、引领者。积极应对气候变化已成为中国深度开展全方位外交布局、倡导构建人类命运共同体、推进特色大国外交过程中较为华彩的组成。应对气候变化工作是共谋全球生态文明建设、深度参与全球环境治理、为世界环境保护和可持续发展贡献中国方案的重要途径。中国在推进《巴黎协定》的达成和生效上领世界风气之先，应将《巴黎协定》目标落实和国内配套立法跟进作为当务之急。

本书凝结了作者近年来关于碳排放权的法律属性、应对气候变化的制度体系、国际应对气候变化立法经验、中国地方相关立法进展、应对气候变化诉讼等立法所涉及的核心问题的研究成果，以期对推进中国应对气候变化的法治进程有所助益。

作　者

2020 年 2 月

目　录

第一章　中国应对气候变化立法的形势分析 …………………… 001

　　第一节　中国应对气候变化立法的背景 …………………… 002

　　第二节　中国应对气候变化立法的进展 …………………… 008

　　第三节　中国应对气候变化立法的空间 …………………… 012

　　第四节　中国应对气候变化立法的任务 …………………… 019

第二章　中国应对气候变化的制度体系 ……………………………… 023

　　第一节　中国应对气候变化制度的基本情况 ……………… 024

　　第二节　中国应对气候变化制度间的关系 ………………… 029

　　第三节　中国应对气候变化的制度体系构建 ……………… 033

　　第四节　中国应对气候变化的制度选择 …………………… 038

第三章　应对气候变化的管理体制 …………………………………… 043

　　第一节　中国应对气候变化的管理体制 …………………… 044

　　第二节　国外应对气候变化的管理体制 …………………… 049

　　第三节　健全中国应对气候变化管理体制的建议 ………… 056

第四章　中国减缓气候变化的法律制度·································059

第一节　碳排放权的法律属性问题研究·······························060
第二节　中国碳排放目标分解落实与考核制度·······················066
第三节　中国碳排放核算报告制度······································073
第四节　中国碳排放权交易制度···079

第五章　中国适应气候变化的法律制度·································087

第一节　中国适应气候变化的政策基础·································088
第二节　中国重点领域适应气候变化的立法进展······················093
第三节　中国适应气候变化的立法任务·································103
第四节　中国适应气候变化的法律制度设计···························106

第六章　中国地方应对气候变化的立法进展·························109

第一节　中国省级政府应对气候变化规章·······························110
第二节　中国市级低碳发展地方性法规·································114
第三节　中国碳排放权交易地区立法情况·······························121
第四节　中国地方应对气候变化立法评析·······························125

第七章　国外应对气候变化的立法进展·································131

第一节　国外应对气候变化立法进展情况·······························133
第二节　欧洲应对气候变化的立法进展·································140
第三节　美洲应对气候变化的立法研究·································169

第四节　亚太地区应对气候变化的立法研究 ………………… 177

　　第五节　国外地方应对气候变化的立法进展 ………………… 189

第八章　应对气候变化诉讼问题研究 ……………………………… 201

　　第一节　中国首例碳诉讼的基本情况 ………………………… 202

　　第二节　中国首例碳诉讼暴露的主要问题 …………………… 206

　　第三节　中国首例碳诉讼的立法启示 ………………………… 209

　　第四节　国际碳诉讼案件——以 Urgenda 起诉荷兰政府为例 ……… 212

参考文献 …………………………………………………………… 215

后　记 ……………………………………………………………… 219

第一章

中国应对气候变化立法的形势分析

第一节　中国应对气候变化立法的背景

一、应对气候变化立法的时代契机

（一）生态文明法治达到前所未有的高度

党的十九大报告明确提出，要"加快建立绿色生产和消费的法律制度和政策导向，建立健全绿色低碳循环发展的经济体系"，将生态文明的法治化进程提升到崭新高度。2018年第十三届全国人民代表大会通过了《宪法》修正案，在总计21条修订中有5处[1]将生态文明和美丽中国写入《宪法》（于文轩，2018）。应对气候变化是生态文明建设的有机组成部分。将生态文明提升到《宪法》高度，将为社会公众从事低碳领域的投资、生产、生活提供明确的预期和最高的法治保障，为应对气候

---

[1] 修订的5处分别是：增写"贯彻新发展理念"要求；将"推动物质文明、政治文明和精神文明协调发展"修改为"推动物质文明、政治文明、精神文明、社会文明、生态文明协调发展"；将"把我国建设成为富强、民主、文明的社会主义国家"修改为"把我国建设成为富强、民主、文明、和谐、美丽的社会主义现代化强国，实现中华民族伟大复兴"；将"国务院行使下列职权"中第六项"领导和管理经济工作和城乡建设"修改为"领导和管理经济工作和城乡建设、生态文明建设"；特别增写了"推动构建人类命运共同体"的要求。

变化立法提供最高的立法依据。

积极应对气候变化既是实现经济社会高质量发展、保障国家生态安全的内在要求，也是中国深度参与全球治理、打造人类命运共同体的责任担当。科学认识并准确把握党的十九大以来国内外应对气候变化的新形势、新要求和新机遇，急需我们认真梳理立法现状，研判立法形势，明确立法重点，加快立法进程。

（二）环境法治原则形成前所未有的共识

2018年两会期间，全国政协共收到生态文明建设方面的提案403件。在全国人大环资委收到的议案中，11件议案要求修改法律，29件议案要求制定新法[1]。在2018年的全国生态环境保护大会上，国家主席习近平明确要求"实施积极应对气候变化国家战略，推动和引导建立公平合理、合作共赢的全球气候治理体系"；要求"用最严格制度最严密法治保护生态环境，加快制度创新，强化制度执行，让制度成为刚性的约束和不可触碰的高压线"。这既是对应对气候变化已有工作成果和国际合作成绩的充分肯定，又明确了依法推动环境治理的工作原则。基于环境法治原则，开展应对气候变化立法成为进一步推进应对气候变化工作的当务之急。

对应加强生态文明建设的要求，全国人民代表大会五年立法计划中有关生态环境领域的立法权重有显著提升，在环境执法检查和监督方面形成了制度性安排。机构改革后，应对气候变化立法急需在生态环境部的法制建设布局中找到定位，纳入立法规划视野。由全国人民代表大会

---

[1] 数字引自全国人大官方网站《四部环境资源法律列入今年立法计划》，见 http://www.npc.gov.cn/npc/ xinwen/lfgz/lfdt/2018-04/24/content_2053250.htm。

常务委员会签署的《巴黎协定》已进入实质性实施阶段，也应视情况纳入国际法律实施监督视野。

（三）环境立法修法进程进入前所未有的快车道

近年来中国生态文明法治建设迎来了新一轮立法修法高潮。以生态文明入宪为统领，生态环境领域立法修法进程提速，取得的一系列立法修法成果，为中国在环境法治轨道上行稳致远，在经济高质量发展上稳中求进，在生态文明建设上蹄疾步稳，再启历史新局的时代担当。

随着中国参与国际环境公约的广度与深度日益增加，出台国内环境法律法规的密度日益提高，法律法规已成为国家环境治理的重器。生态环境保护领域的法律法规将越来越规范、越来越严格、越来越精细，并且越来越具有可操作性。相比之下，开展专门应对气候变化立法的进程仍显迟滞，国内低碳发展工作只能依据相关政策、规章、规范性文件进行，诸多管理工作于法无据。

在应对气候变化工作的新起点、新形势和新要求下，应对气候变化立法在立法主体、立法时机、立法任务等方面出现的新变化需要予以高度关注。为了更好地发挥应对气候变化对高质量发展的引领作用、对生态文明建设的促进作用、对环境污染治理的协同作用，我们需要用法治思维进行气候治理的顶层布局，明确立法工作重点，做好重大法律制度设计，抓住关键节点，蓄力再出发。

二、应对气候变化立法的必要性

一是需要通过立法赋予碳排放峰值目标、总量和强度控制目标以法律地位，继续强化低碳目标引领。2009年，中国提出到2020年单位国内生产总值二氧化碳排放比 2005 年下降 40%～45%等控制温室气体排放行动目标[1]。国民经济和社会发展"十二五"规划纲要和"十三五"规划纲要均将碳排放下降目标作为约束性指标，并分解到地方，加以认真落实。2015 年，中国又进一步提出到 2030 年左右碳排放达到峰值，并争取早日达到峰值等应对气候变化行动目标。目前，中国正在抓紧制定落实 2030 年应对气候变化行动目标的实施方案，并研究提出中长期低碳发展战略和目标。这些控制温室气体排放的系列目标应及时纳入立法范畴，以法律的强制力保障实施。

二是需要通过立法明确温室气体排放权的法律属性及确权机制，为顺利推进全国碳排放权交易市场打好基础。中国碳排放权交易市场于 2017 年在法律法规缺失、实践经验有限、司法检验空白、监管体系不健全的情况下启动，启动过程中未解决的问题不容忽视。中国应通过推进应对气候变化法制建设进程，明确碳排放权作为一种行政规制权的法律属性，发挥好碳排放权交易市场作为一种奖惩性政策工具在促进温室气体减排中的作用。

三是需要为政府分解落实温室气体排放控制目标，以及开展目标责任考核提供行政执法依据。国务院印发的《"十二五"控制温室气体排放工作方案》《"十三五"控制温室气体排放工作方案》建立了中国温室气体排放目标分解落实考核机制。中国从"十二五"中后期开始，每年开展省级碳强度下降目标考核，应将此类应对气候变化行政管理过程中行之有效的措施通过立法固化下来，建立长期稳定、有法可依的工作机制。

---

[1] 生态环境部于 2018 年 10 月召开例行新闻发布会，生态环境部应对气候变化司李高司长在答记者问中提到，中国碳强度 2017 年比 2005 年下降了 46%左右，已经超额完成了到 2020 年下降 40%～45%的目标。

四是需要通过立法激励，提高应对气候变化的基础能力。应对气候变化、低碳转型是中国经济社会高质量发展的重大战略，也是加快经济发展方式转变和经济结构调整的重大机遇。在投资低碳经济和低碳行政的要求下，为应对气候变化工作提供法律依据和保障的任务十分紧迫。另外，中国是受气候变化影响最严重的国家之一，提高适应气候变化的能力，减轻气候变化带来的风险和损害也是一项非常重要的长期性、全局性的工作。基于此，中国需要通过开展立法建立应对气候变化的激励机制，全面提升国家应对气候变化的能力。

五是需要以气候变化立法作为统筹国际国内两个大局、积极参与全球气候治理的重要途径。当前，《巴黎协定》已进入实质性实施阶段，依法落实各项国家目标的任务凸显。中国温室气体排放总量大、全球占比高的现状短期内难以改变，国际压力居高不下且将长期持续。应对气候变化立法对于提高中国作为《巴黎协定》缔约方的履约能力，切实维护国家核心利益，树立负责任的大国形象，缓解国际压力，营造国家发展的良好外部环境具有重大作用。

三、《巴黎协定》的国内履约要求

（一）将国际法内化为国内法是国际条约履行的有效保障

《巴黎协定》是《京都议定书》之后的第二个具有国际法律效力的气候条约。根据《维也纳条约法公约》，在协定生效后，任何缔约方必须承担除保留条款之外的一切缔约方义务。在履约方面，国际上存在两种处理国际法和国内法关系的理论：一元论和二元论。一元论指国际法优于国内法或国内法优于国际法；二元论指国际法与国内法属于两种体系，各自独立，互不隶属。各国在实践中的做法不一，英、美两国将国际法视为国内法的一部分，当国际法和国内法在适用上发生冲突时，取决于法官判决的判例；法国、荷兰、日本等国家则规定国际法优于国内法，当已签署的国际条约内容与国内法内容不一致时，直接适用于国际法。无论一元论还是二元论，由于不存在一个凌驾于各主权国家之上的超国家权力机构，国际环境条约始终面临"立法易，执法难"的困境。法律作为通过国家机器的强制力保障实施的治理工具，国内法的内容可以由国家权力机关、行政机关和司法机关保障实施。因此，将国际条约的内容内化为国内法，是保障国际条约有效落实的重要途径。

（二）将国际法的核心要求内化为国内法是化解国际法与国内法冲突的有效途径

《巴黎协定》确立了以国家自主决定贡献为基础的全球应对气候变化长期目标，建立了全球每 5 年一次的盘点机制。基于《京都议定书》实施受挫的教训，《巴黎协定》明确要求从 2023 年开始全球每 5 年进行一次盘点或总结，以评估实现《巴黎协定》宗旨和长期目标的整体进展，并明确要求建立一个委员会，以促进《巴黎协定》的履行和遵守。这就需要我们加快开展国内应对气候变化立法，将《巴黎协定》的核心内容内化为国内法，通过相应的制度安排保障温室气体排放控制目标的有效履行。例如，2018 年 6 月，南非环境事务部在开普敦就《南非国家气候变化法案（草案）》公开征求公众意见，兑现了南非议会宣布的为履行《巴黎协定》承诺要在国内进行气候变化立法的承诺（李滢嫣，2018）。

（三）批准的国际条约在中国具有直接适用性

中国《民事诉讼法》第 238 条规定，"中华人民共和国缔结或者参加的国际条约同本法有不同规定的，适用该国际条约的规定，但中华人民共和国声明保留的条款除外。"这意味着国际条约在中国具有直接适用的法律效力。全国人民代表大会常务委员会于 2016 年 9 月 3 日批准中国加入《巴黎协定》，当日下午习近平主席和时任美国奥巴马总统在 G20 杭州峰会前向时任联合国秘书长潘基文交存了两国的协定批准文书，这意味着《巴黎协定》完成了中国国内的批准和交存程序。《巴黎协定》生效后对中国具有直接的国际法律约束力，也需要中国尽快通过国内立法，在确保积极履行国际义务的同时，有效维护国家核心利益。

第二节　中国应对气候变化立法的进展

一、中国开展应对气候变化立法的可行性

（一）立法授权明确

2009 年 8 月，全国人民代表大会常务委员会《关于积极应对气候变化的决议》提出，"要把加强应对气候变化的相关立法作为形成和完善中国特色社会主义法律体系的一项重要任务，纳入立法工作议程。"2015 年，《中共中央 国务院关于加快推进生态文明建设的意见》中进一步明确，要"研究制定应对气候变化等方面的法律法规"。2016 年，《应对气候变化法》被列入《国务院 2016 年度立法计划》中的"研究项目"。根

据 2018 年党中央关于机构改革的决定，应对气候变化职责划转至新组建的生态环境部，应对气候变化立法工作也由原主管部门——国家发展改革委转至生态环境部。

（二）立法基础扎实

近年来，应对气候变化领域的政策标准体系和环境司法制度不断完善。这为健全应对气候变化法律法规提供了良好的政策制度支撑。

国际层面，《巴黎协定》等相关国际法中确定的温室气体减排目标和措施进入实质性实施阶段。

国家层面，中国已制定和实施了《清洁发展机制管理暂行办法》《中国清洁发展机制基金管理办法》《温室气体自愿减排交易管理暂行办法》《节能低碳产品认证管理办法》《碳排放权交易管理暂行办法》，这为中国开展应对气候变化立法奠定了一定的下位法基础。制定《应对气候变化法》和《碳排放权交易管理条例》曾被列入国务院 2016 年度立法计划和国家发展改革委的法治政府建设重点任务。《碳排放权交易管理暂行办法（征求意见稿）》自 2019 年 3 月起在生态环境部官方网站公开向社会征求意见。

（三）开展了地方立法探索

中国地方层面在应对气候变化和低碳发展的法规规章建设方面也有所突破。

在地方人民代表大会出台的地方性法规方面，2016 年南昌市和石家庄市人民代表大会分别出台了市级《低碳发展促进条例》，这体现了中国试点城市通过立法推进低碳转型的积极探索。在这两部条例在出台的过程中，地方政府攻坚克难，积累了宝贵的立法、执法经验；北京市和深圳市人民代表大会针对碳排放权交易出台的决定提升了同级政府规章的法律效力，也为在此期间产生的全国首起碳排放权交易诉讼提供了法律判决依据。

在地方政府出台的地方性规章方面，青海省政府和山西省政府出台的《应对气候变化管理办法》代表了地方政府针对气候变化问题进行综合性建章立制的立法探索；各碳排放权交易试点和福建省政府、四川省政府出台的碳排放权交易规章和规范性文件在全国碳排放权交易市场建设过渡期继续有效；《南京市低碳发展促进条例》被列入南京市政府2018年度立法计划。

二、初步取得的应对气候变化立法共识

根据历年来有关应对气候变化或低碳发展的人民代表大会建议和相关提案，以及有关机关、地方部门和专家学者的立法意见，中国当前就开展应对气候变化立法已经达成以下重要共识。

一是肯定单独开展应对气候变化立法的必要性，认为加速推进应对气候变化立法是中国可持续发展的内在需求，对中国更好地参与全球气候治理、展现负责任大国形象有重要意义。

二是在立法思路上，应虚实结合、对内对外结合。对内应发挥低碳发展和适应气候变化对转变经济发展方式、建设生态文明的引领和推动作用；对外要体现中国对全球应对气候变化的重视，占据道义制高点，影响国际政策制定，维护国家发展权益。

三是与相关法律之间的关系方面，相关法律虽然对应对气候变化问

题有所涉及，但其宗旨各异、内容分散且很不全面。中国目前关于应对气候变化的立法空白，无法满足中共中央关于《社会主义核心价值观融入法治建设立法修法规划》提出的，"促进人与自然和谐发展，建立严格严密的生态文明法律制度"的新要求。基于此，开展应对气候变化立法具有充足的立法空间。

三、应对气候变化立法仍面临的主要问题

（一）相关方在关键问题上需要达成共识

开展应对气候变化立法的过程既是将不断发展的实践经验凝炼为法律制度的过程，也是将各方的立法诉求形成立法共识的过程。部门管理层面，新调整后的"国家应对气候变化及节能减排工作领导小组"成员单位之间的职责分工合作机制，需要通过立法进一步细化和法定化；地方政府层面，机构改革后地方主管部门的管理权限、财政支持、监督执法需要法律授权；社会主体层面，企业承担减排责任、报告排放信息、参与配额交易的合理性预期应有法律保障，全社会参与机制及公众低碳行为需要法律激励；"两会"代表层面，人民代表大会代表和政协委员的立法关切主要集中于气候投融资法律保障、碳市场法律监管、气候变化与环境保护、能源转型的相关性等问题。不同利益相关方对应对气候变化问题的认识不同，立法期待存在较大差异，导致应对气候变化立法过程宜疏不宜堵。

（二）机构改革的化学反应尚待发生

中国应对气候变化立法工作一直在全国人民代表大会法工委、全国

人民代表大会环资委、国务院原法制办及国家应对气候变化领导小组主要成员单位的指导下，由国家发展改革委下属的应对气候变化司稳步推进。在国务院机构改革后，应对气候变化相关职能从国家发展改革委转隶到新组建的生态环境部，应对气候变化立法项目从人民代表大会法工委的"经济法室"转到了负责环境领域立法的"行政法室"，曾长期支持应对气候变化立法工作的国务院原法制办的职能划入了重新组建的司法部。应对气候变化立法主体及相关职能机构已经完成了转隶的物理变化，即将发生化学变化，新的立法诉求和新的立法契机宜待不宜催。

（三）应对气候变化领域的管理制度尚待成熟

当前，中国在气候变化战略规划制度、统计核算制度、报告核查制度、评价考核制度、排放权交易制度方面已经积累了一定的制度实施经验；在气候变化影响评估制度、标准化制度、低碳技术目录制度、低碳产品采购制度方面已经进行了初步的制度建设探索；在碳排放总量控制制度、碳排放影响评价制度、碳排放许可证制度、信息公开制度、信用管理制度、气候保险制度方面已经具备了一定的制度研究基础。近年来，应对气候变化工作与应对气候变化制度建设相伴推进，导致应对气候变化立法进程宜缓不宜急。

第三节　中国应对气候变化立法的空间

一、环境保护领域立法动因分析

在依法治国、加强生态文明法治建设的新形势下，生态环境领域立法一改长期以来"分散、被动、缺乏长远规划"的立法局面，自 20 世纪80年代第一次环境保护立法热潮后，迎来了新一轮突飞猛进（于文轩，2016）。

中国原有的生态环境领域的立法缺乏长远规划和整体布局，环境保护领域立法的推动力主要来自以下3个方面。

一是基于问题导向，环境保护领域立法动力源于特定时期某个突出的环境问题。例如，20世纪90年代的沙尘暴问题促成了《森林法》在短时期内的频繁修改；近年来的雾霾问题极大地推动了大气污染治理有关法律和政策的出台与修订。但是，生态环境涉及水、大气、土壤、生物多样性、森林、有机污染物等在内的整个生态领域，由单一环境要素驱动的立法属于"头痛医头，脚痛医脚"，因而会造成某些领域的法律重叠，以及某些领域仍存在立法空白。

二是来自某些政府主管部门的驱动。例如，财政部推动制定了《环境保护税法》；生态环境部推动修订了《大气污染防治法》《固体废物污染环境防治法》等一系列污染防治相关法律；《应对气候变化法》曾长期由国家发展改革委组织起草。不同政府部门在牵头起草法律法规过程中缺乏有效互动，难以形成法律法规之间的有效衔接和有机互补。再如，当前由不同部门开展的"用能权交易、碳排放权交易、排污权交易、绿证交易"等制度设计存在内容交叉，最终能否在全国适用，取决于该制度的出台速度。这既浪费了国家立法资源，也可能给行政相对人造成一事多罚的问题。

三是来自国际环境保护公约的驱动（Churchill, Robin and David Freestone，1991）。自1972年在斯德哥尔摩召开联合国人类环境会议以来，生物多样性、土地荒漠化、国际水资源、应对气候变化、危险废物越境转移、南北极等公域环境保护等主要的国际环境保护领域均订立了法典地位的国际环境保护条约（林灿铃，2012）。中国作为《巴塞尔公约》《联合国气候变化框架公约》《生物多样性公约》《南极条约》《联合国防治荒漠化公约》《联合国海洋法公约》等国际环境保护条约的缔约国，具有遵守条约中设立法律规则的国家义务。开展国内相关立法是遵守国际条约，以及将国际法内化为国内法的主要途径。例如，中国作为《联合国海洋法公约》的缔约国，为更好地履行《联合国海洋法公约》，针对其中的领海主权问题制定了《中华人民共和国领海及毗连区法》《中华人民共和国专属经济区和大陆架法》，针对其中的海洋环境保护问题制定了《中华人民共和国海洋环境保护法》；中国加入《联合国防治荒漠化公约》后，出台了《中华人民共和国防沙治沙法》，对《中华人民共和国水土保持法》《中华人民共和国土地管理法》进行了修订；为了执行《保护臭氧层维也纳公约》《蒙特利尔议定书》的规定，中国在《中华人民共和国大气污染防治法》修订过程中增加了对消耗臭氧层物质的立法内容。但是，中国在1992年就加入了《联合国气候变化框架公约》，国内在气候变化领域的立法至今空白，尚无一项国家层级的法律或条例出台。

以上立法动因的分散性使得中国环境保护领域的法规难以形成一套完整的体系。比起刑法、民法等传统的法律部门，促成环境保护领域各部法律的有序衔接更为困难。20世纪80年代以来，中国有关环境保护的法律较零散而不成体系，在中国社会主义法制体系中长期处于自说自话的边缘地位，甚至环境保护领域的法律到底归属于经济法还是归属于行政法在学界都说法不一（吕忠梅，2014）。环境保护领域法制体系的零乱、不健全极大地制约了环境治理进程，无法可依成为环境治理难的重要因素。

二、环境保护领域立法成果评析

近年来，以生态文明入宪为首，以《环境保护法》修订为基础，生态环境、资源能源领域的立法呈现井喷之势[1]。生态环境保护领域的法律越来越规范、越来越严格、越来越精细，并且具有可操作性，惩罚也越来越重，不仅包括传统使用的财产罚，而且增加了拘留等人身罚，形成了很多好的经验。这可以供应对气候变化立法借鉴。在环境保护领域和大气污染防治领域通过立法确立的制度，大多经过了长期的实践检验，被证明是对环境保护和大气污染防治行之有效的制度[2]。中国应对气候变化立法工作起步较晚，在温室气体排放管理中很多可以从大气污染防治中借鉴的制度经验。

---

[1] 近年来，生态环境保护领域的主要立法成果有：《环境保护法》（1989 年制定，2014 年 4 月修订，2015 年 1 月实施）；《环境保护税法》（2016 年 12 月制定）；《环境影响评价法》（2002 年制定，2016 年 7 月修正）；《大气污染防治法》（1987 年制定，1995 年、2000 年、2015 年修订，自 2016 年 1 月起施行）；《水污染防治法》（1984 年制定，1996 年、2008 年、2017 年 6 月修正）；《固体废物污染环境防治法》（1995 年制定，2004 年、2013 年、2015 年、2016 年 11 月修正）；《海洋环境保护法》（1982 年制定，1999 年、2013 年、2016 年 11 月修正）；《野生动物保护法》（1988 年制定，2004 年、2009 年、2016 年 7 月修订，自 2017 年 1 月起施行）。资源能源领域的主要立法成果有：《节能法》（1997 年制定，2007 年、2016 年 7 月修正）；《可再生能源法》（2005 年制定，2009 年修正）；《循环经济促进法》（2008 年制定，自 2009 年 1 月起施行）；《电力法》（1995 年制定，2009 年、2015 年修正）；《水法》（1988 年制定，2002 年、2009 年、2016 年 7 月修正）；《渔业法》（1986 年制定，2000 年、2004 年、2009 年、2013 年修正）。

[2] 《大气污染防治法》制定于 1987 年，《环境保护法》订立于 1989 年，期间进行了多次修订，均具有 30 余年的立法经验和执法实践。

2014年修订的《环境保护法》[1]虽然没有明确提到二氧化碳等温室气体问题,但其中提到的推广清洁能源、提高资源利用率等措施,以及建立的环境监测、区域联防联控、环境公益诉讼等制度有利于减少化石能源的使用,减少温室气体的排放,减缓气候变化。《环境保护法》的修订在一定程度上有利于推动低碳发展,但温室气体不是传统意义上的环境污染物,关于环境污染治理的制度不能够套用在温室气体排放控制问题上。例如,污染物的排放可以通过环境监测的方法得出,而温室气体的排放数据则需要通过核算得出。因此,在《环境保护法》中没有专门针对温室气体排放管理的相关规定,《应对气候变化法》在《环境保护法》修订之后仍有足够的立法空间(王明远,王社坤,2011)。

2016年制定、2018年施行的《环境保护税法》在立法过程中就二氧化碳征收环境保护税问题存在较大争议。考虑到二氧化碳不是传统意义上的污染物,不宜将碳税纳入环境保护税的管理体系。此外,在当前中国企业税赋较重的情况下,如何避免碳税重复征收,以及征收碳税对中国经济社会的影响如何等问题尚不确定(邓海峰,2014)。在温室气体排放统计核算体系尚不健全的情况下,无法清楚地"算碳",征收碳税的技术条件尚不成熟。从《环境保护税法》最终的立法成果来看,其暂时未将二氧化碳纳入环境保护税的征收范围。对于正在起草中的《应对气候变化法》,根据"一税一法"的原则,新增税种不能通过一部综合的法律制定,也不应该涉及碳税的内容。因此,在未来条件成熟时,中国应该单独制定一部《碳税法》。

---

1 修订后的《环境保护法》共7章70条,包括总则、监督管理、保护和改善环境、防治污染和其他公害、信息公开和公众参与、法律责任、附则7个部分。

2016年修订的《环境影响评价法》简化了环境影响评价的内容和程序。《环境影响评价法》在修订后规定，建设项目环境影响评价审批不再作为可行性研究报告审批或项目核准的前置条件，并取消了环境影响报告书、环境影响报告表预审，将环境影响登记表审批改为备案。为加强事中事后监管，《环境影响评价法》强化了规划环评的源头预防作用，增加了应当根据环境影响评价报告书结论和审查意见对规划草案进行修改、完善等规定。《环境影响评价法》的修订反映了中国减少行政审批的立法动向，直接关系到应对气候变化领域的"碳排放影响评价制度"能否被纳入立法考量。

2015年《大气污染防治法》的第3次修订过程和修订内容，对应对气候变化立法具有直接的借鉴意义。《大气污染防治法》在修订后进一步明确了政府开展大气污染防治的管理职能和管理体系，加强了大气污染防治相关的信息公开和公众参与，建立了环境空气质量目标责任制。《大气污染防治法》几乎对每项法律规定都设定了相应的处罚条款，提高了环境违法的可诉性（于文轩，李涛，2017）；在处罚种类上综合使用行政问责、行政拘留、刑事责任、民事赔偿、查封扣押、责令关闭等多种手段，提高了环境处罚的多样性；加大了处罚力度，提高了罚款数额，对严重违法行为追究治安和刑事责任，提出了单位及其负责人"双罚制"的处罚原则，对于拒不改正违法行为的企事业单位要"按日计罚"，提高了环境违法成本。《大气污染防治法》在罚则方面的立法经验可以供应对气候变化立法借鉴（常纪文，2012）。

三、生态环境法制建设对应对气候变化立法的影响

近年来，大气、水、固废、土壤、海洋等生态环境领域取得了一系

列立法修法成果，气候变化领域成为生态环境部内唯一没有执法依据的环境要素治理领域，在转隶后尽快由依权施策到依法施策的紧迫性凸显。应对气候变化作为中国生态文明建设的有机组成部分，应尽快融入环境法制体系，借力环境管理体制，丰富气候制度供给，固化机构改革成果，研判立法形势，抓住立法契机，加快立法进程。

一是协同生态环境立法目标。中国已提前实现了到 2020 年的碳强度下降目标，正在抓紧落实 2030 年各项中长期应对气候变化的目标。生态环境系统已经建立了强有力的法律监督体系和监督机制，在依法落实各项污染防治目标方面积累了良好的经验。机构改革为实现应对气候变化与环境污染治理的协同增效提供了体制机制保障。在下一步应对气候变化立法过程中应尽量统筹协调利用生态环境系统的目标落实机制，形成法律目标落实合力。

二是融入生态环境立法体系。机构改革旨在建立山水林田湖草共同体的管理体系。目前，国内与环境治理相关的法律有 13 部，与自然资源有关的法律有 20 余部，编纂《环境法典》的呼声日隆。环境影响评价等重要的环境保护制度在水、气、固废、噪声几个环境要素法中重复出现，建设中的生态环境损害赔偿、环境强制责任保险、环境公益诉讼等制度也将成为各领域的"同类项"。应对气候变化立法应在充分识别气候治理的特有抓手的基础上，立足应对气候变化特有的立法空间，突出应对气候变化领域的管控特点，借鉴生态环境领域其他环境要素法的立法经验，尽快融入现有的生态环境法律制度体系。

三是借力生态环境执法体系。经调研了解发现，目前国内低碳领域拥有执法证的地方寥寥无几，中国尚未建立低碳执法队伍。环境保护系统自"垂直改革"后，建立了一支生态环境保护执法铁军。机构改革为应对气候变化的执法主体、执法机制、执法保障等长期未决问题提供了新的解决思路。

第四节　中国应对气候变化立法的任务

一、应对气候变化立法的立法诉求

一是强化并压实控制温室气体排放目标的法律责任。为全面实施积极应对气候变化国家战略，强化战略引领，提升目标落实机制效力，压实目标落实主体责任，需要进一步研究提出 21 世纪中叶温室气体低碳排放发展战略，逐步建立中国碳排放达到峰值及总量控制制度、分解落实机制，逐步建立全国碳排放权交易市场；需要通过立法，明确政府、企业和公众应对气候变化的法律责任，加快建立绿色生产、消费的法律制度和政策导向，建立健全绿色低碳循环发展的经济体系，将应对气候变化目标完成情况和任务措施落实情况纳入生态文明建设考核目标体系，形成对各类主体的有效约束，逐步实现法治化、制度化和市场化。

二是强化和优化国家应对气候变化的管理体制。为全面提升中国应对气候变化领域治理体系和能力现代化，加快构建以政府为主导、以企业为主体、全社会共同参与的治理体系，需要全面贯彻落实习近平总书记生态文明思想和党中央关于应对气候变化工作的方针政策和决策部署，进一步研究提出国家统一管理和地方政府部门分工负责相结合的应对气候变化管理体制和工作机制；需要通过立法，明确国家和地方应对气候变化及节能减排工作领导小组的职能定位，明确国家应对气候变化主管部门与发展改革委、能源等其他相关部门的职能边界，明确地方政府在应对气候变化中的作用与角色，充分调动各部门和地方开展应对气候变化工作的积极性。

三是统筹处理好应对气候变化制度和生态环境保护制度的关系。在环境保护领域，通过《环境保护法》的建立及其修订，中国建立了环境监测制度、环境保护目标责任和考核评价制度、生态补偿制度、重点污染物排放总量控制制度、建设项目"三同时"制度、排污许可管理制度和环境保护公益诉讼制度；通过《大气污染防治法》的建立及其修订，中国建立了现场检查制度、信息公开制度、大气污染物排放总量控制制度、排污许可管理制度、重点排污单位名录制度、建设项目温室气体排放评价制度、大气污染防治的标准和规划制度；通过制定《环境保护税法》，建立了环境税收制度。这些法律制度的创设，对于应对气候变化立法具有很大的参考价值。一方面应深入研究应对气候变化法律制度与环境保护法律制度的相关性，避免制度交叉重复，做好制度协调衔接，避免因重复立法而浪费国家立法资源；另一方面应研究应对气候变化领域的特色内容，突出气候治理特色，汲取环境保护立法经验，填补环境保护立法空白，共享环境保护法制成果，实现立法的目标最大化。

二、应对气候变化立法的关键节点

一是加快应对气候变化法律草案的研究和完善。近年来，《应对气候变化法》的法律草案框架已形成共识，法律草案条款虽历经数次增删，几易其稿，但仍有待改进。下一步，应对气候变化立法当呼应实践，及时总结控制温室气体排放、适应气候变化和国际合作的实践经验，并尽早反映到法律草案中来；应对气候变化立法当开放包容，研究借鉴英、法等国际立法经验，跟踪南昌市、石家庄市等地方执法进展，吸纳各利益相关方的立法意见；应对气候变化立法当变革维新，科学研判国内外形势及法律、行政、技术、市场等一切可行的治理手段，创新性地开展制度研究，探索适合中国国情的应对气候变化法治路径。

二是努力为应对气候变化立法创造内部条件。国务院机构改革打破了山水林田湖草的管理藩篱,为统筹生态环境领域的立法修法步伐提供了体制机制保障。下一步,应研究提出应对气候变化与污染防治、生态环境保护、核安全监管在目标管理、制度设计、试点示范等领域的协同创新机制,明确有效控制温室气体排放与大气污染防治、核安全监管的协同效应,强化提升气候变化适应能力与加强生态环境保护、海洋环境保护的有效融合,在生态环境保护的整体框架下,协同推进应对气候变化立法进程。

三是积极为应对气候变化立法营造外部环境。在习近平总书记生态文明思想指引下,生态环境领域的立法建议在近年呼声不断,生态环境领域的立法项目在全国人民代表大会和国务院立法规划中的位置显著提升。生态环境领域相关法律的实施情况,也成为全国人民代表大会执法检查的年度工作重点。下一步,应积极推动全国人民代表大会和国务院立法机构,将应对气候变化立法尽快融入国家生态环境领域立法总体布局,填补生态环境领域应对气候变化的立法空白,构筑完整的生态文明法律体系。

第二章

中国应对气候变化的制度体系

《应对气候变化法》作为一部统筹国际国内、减缓与适应并重的法律,在制度选择上既具有生态环境保护的共同特征,又兼具独特性。初步构想,在《应对气候变化法》中应包括应对气候变化信息公开制度、排放配额交易制度、排放核算报告制度、核查制度等 23 项制度[1]。每项制度应具有相应的实施主体、实施程序和制度内涵,制度之间应存在千丝万缕的逻辑联系。

第一节　中国应对气候变化制度的基本情况

以不同制度介入应对气候变化管控的时间为序,可以将中国应对气候变化制度分为四大类:4 项基础管理类制度、9 项直接规制类制度、7 项间接规制类制度、3 项救济类制度。

一、4 项基础管理类制度

基础管理类制度包括气候变化的预测预警制度、影响评估制度、统

---

[1] 初步建议,在《应对气候变化法》中应包含的 23 项制度分别是规划制度、评价考核制度、统计核算制度、标准化制度、信用管理制度、碳排放总量控制制度、排放配额交易制度、排放核算报告制度、核查制度、现场检查制度、碳汇制度、气候变化预测预警制度、气候变化影响评估制度、极端气候灾害应对制度、适应基金制度、气候保险制度、应对气候变化信息公开制度、公众参与制度、国际合作制度、气候专项资金制度、低碳金融制度、低碳技术目录制度和低碳产品政府采购制度。

计核算制度、排放核算报告制度。这些制度旨在弄清受气候变化的影响程度和温室气体排放的基本情况，为开展温室气体排放管理和适应气候变化行动打好基础。基础管理类制度本身不直接减少温室气体排放或提高适应气候变化的能力，因此必须在应对气候变化立法之前就较为成熟。

其中，气候变化的预测预警制度、影响评估制度和排放核算报告制度是应对气候变化领域特有的制度。中国以《统计法》为基础已经建立了较为完善的统计制度体系（"温室气体排放基础统计制度和能力建设"项目研究小组，2016）。应对气候变化领域的"统计核算制度"主要是指，在现有的国家统计体系中增加应对气候变化统计指标和涵盖"能源活动、工业生产过程、农业、土地利用变化与林业、废弃物处置5个领域的活动水平指标"[1]，因而不需要专门进行新制度的构建。

二、9项直接规制类制度

直接规制类制度的目标直接剑指"降碳"，包括气候变化的规划制度、评价考核制度、标准化制度、现场检查制度、碳排放总量控制制度、核查制度、信息公开制度、公众参与制度、碳汇制度。直接规制类制度可以根据制度基础分为两类。

---

[1] 参见国家统计局发布的《应对气候变化部门统计报表制度（试行）》第2条："本制度为部门综合统计报表制度，由国家发展改革委、财政部、住房和城乡建设部、工业和信息化部、环境保护部、水利部、农业部、国家质检总局、国家林业局、国家能源局、国家海洋局、中国气象局、国家机关事务管理局、中国石油和化学工业联合会、中国电力企业联合会、中国钢铁工业协会等行政主管部门及行业协会负责统计，并报送国家统计局"，2017年1月。

（一）基础较为成熟的制度

中国已经出台并新修了《标准化法》，建立了国家标准化管理的法制体系；虽然《规划法》尚未出台，但以《国民经济和社会发展规划》为统领的规划体系已相当完备。中国正在建立生态文明建设目标评价考核体系，从"十二五"中期开始，中国开展了碳强度下降目标责任考核；《环境保护法》中对于环境保护领域的"信息公开制度、公众参与制度、现场检查制度"均有明文规定，国务院还出台了《政府信息公开条例》。因此，应对气候变化领域的"标准化制度、规划制度、评价考核制度、信息公开制度、公众参与制度、现场检查制度"均已具备较为成熟的制度基础。

在应对气候变化法制构建过程中，这6项制度应该在已有的制度框架下，突出应对气候变化特有的制度要求：在标准化制度中，应规定清楚碳排放标准及低碳产品标识和认证的具体要求；在规划制度中，应明确应对气候变化的规划内容、规划体系及规划之间的协同关系；在评价考核制度中，应明确目标分解落实规则、考核程序，以及考核结果的适用要求；在现场检查制度中，应确定针对温室气体排放现场检查的实施主体、实施对象和实施程序；在信息公开制度中，应明确温室气体重点排放单位关于排放信息的公开范围、国家主管部门关于公约履约信息的公开要求，以及相应的法律责任；在公众参与制度中，需要在环境保护的公众参与制度之下，进一步明确气候变化治理领域的公众参与、公众监督等内容。

（二）需要进行整体制度设计的制度

在直接规制类制度中，碳排放总量控制制度、核查制度、碳汇制度为应对气候变化领域所特有的制度，也是《应对气候变化法》区别于其他法规的"王牌"。这3项制度既没有上位立法，也缺乏相关的法律依据，需要通过开展应对气候变化立法进行完整的制度设计，其制度的可操作性取决于规则的细化程度。

其中，在碳排放总量控制制度中，需要针对区域排放因素确定排放总量和分配标准；在核查制度中，需要开展一个完整的制度设计，明确温室气体核查实施者资质、核查对象范围、核查程序、核查结果适用、信息公开与保密、核查违法责任等内容；碳汇制度在《森林法》《草原法》等资源法体系中存在立法空白，需要在应对气候变化立法过程中，详细规定碳汇的权属、流转、标准等问题，明确碳汇的法律激励措施。

三、7项间接规制类制度

应对气候变化制度体系中的排放配额交易制度、国际合作制度、适应基金制度、气候专项资金制度、低碳金融制度、低碳技术目录制度、低碳产品政府采购制度这7项制度本身不直接产生温室气体减排的效果，而是通过经济性、可择性的制度安排实现应对气候变化的目的。

（一）具有制度基础的制度

在间接规制类制度中，低碳金融制度、气候专项资金制度、低碳技术目录制度、低碳产品政府采购制度已具备一定的制度基础。中国已建立了较为完善的政府专项资金管理制度、投融资制度、技术目录制度和政府采购制度，因此只需要在相应的制度框架内，增加低碳的价值取向即可，不需要从零开始进行制度设计。例如，低碳金融制度就是在既有的金融措施中突出低碳的内容。

（二）需要进行整体制度设计的制度

适应基金制度、排放配额交易制度、国际合作制度是应对气候变化领域特有的制度，需要进行专门的制度设计。就适应基金制度而言，虽然中国已有成熟的基金管理制度，但专门用于适应气候变化的基金在资金筹措、资金使用和资金管理等方面均与普通基金有较大差别，也缺乏相应的实践经验。基于此，建立适应气候变化基金制度具有较大的立法挑战性，需要做较多的研究储备。

另外，将排放配额交易制度视为间接规制类制度可能会受到质疑，但笔者认为，排放配额交易的本质是政府对于排放者的一种奖惩机制。中国目前主要采用基准线法进行排放配额分配，排放配额分配取决于行业先进值。排放配额先分配、后清缴的制度规则，将导致技术水平低的排放者配额不够，需要向技术水平高的排放者购买排放配额。相当于借用交易的手段，对技术水平低的排放者进行了惩罚，对技术水平高的排放者进行了奖励。

应对气候变化是生态环境体系中国际化程度最高的领域。应对气候变化的国际合作制度涉及主体丰富，包括国际气候谈判、国际气候条约履约、国际合作管理、国际合作基金等内容，核心是借助国际多边、双边力量，提升中国气候治理的动力和能力。虽然国际谈判和国际气候条约履约在中国已有一定的法律和实践基础，但关于气候变化的国际合作管理、国际合作基金等则需要通过应对气候变化立法进行整体制度设计。

四、3项救济类制度

救济类制度包括极端气候灾害应对制度、气候保险制度、信用管理制度。这3项救济类制度是当气候变化的不利影响显现出来，或者气候治理的违法行为呈现出来后，政府采取的补救性制度。

极端气候灾害应对制度是整个适应气候变化的终极目标。气候变化的影响是缓慢的、趋势性的，一旦极端气候灾害显现则影响巨大。但在实践中很难区分所受到的台风、风暴潮、干旱等灾害是否由气候变化所导致，所以极端气候灾害应对制度虽最为必要，但从实务层面很难和传统的防灾减灾制度体系区分开来，较难在《气象法》《防震减灾法》的管辖基础上有所突破。

信用管理制度是以排放者信用为抓手的一项环境管理工具，旨在敦促排放者按要求管控温室气体排放。在制度设计上，信用管理制度主要借助国家正在建立的信用管理平台和联合惩戒机制，所具有的气候特色不多。

气候保险制度虽然源于已较为成熟的国家保险制度体系，但气候保险制度的险种设计、气候风险的识别标准均是崭新的内容。中国《保险法》规定，只有法律才能设立强制性保险，因此需要通过应对气候变化立法构建气候保险制度。

第二节　中国应对气候变化制度间的关系

前文所述的所有制度均与各类应对气候变化主体的法律责任相联系，成为认定法律责任的参照依据。同时，在各项制度之间，有些互为因果，有些相互依存，有些能够效果叠加，有些却又相生相克。好比配中药，不仅要发挥每味药材的独特功效，更重要的是各味药材之间必须调和。

一、互为依存的制度

以下制度在逻辑上存在先后关系或因果关系，必须在法律中同时出现才能实现制度闭环。在以下 5 组制度之间，前面 3 组制度是逻辑上的因果关系，后面 2 组制度是时序上的先后关系。

（一）低碳产品认证制度或低碳产品标识制度与低碳产品政府采购制度

政府对产品进行低碳认证和低碳标识，能够从消费端将具有低碳特征的产品和普通产品相区分，便于引导消费者的低碳消费行为，并倒逼企业从前端的生产环节降低碳排放。由于公众购买低碳产品属于自愿行为，只宜进行立法引导，而政府的低碳产品采购则可以纳入政府采购制度。相应地，赋予政府采购低碳产品义务的前提是，国家的低碳产品认证制度或低碳产品标识制度已经较为健全，市场上有足够数量和种类的商品被冠以"低碳"称谓。

因此，低碳产品认证制度或低碳产品标识制度是低碳产品政府采购制度的前置制度。在应对气候变化制度构建过程中，可以参考中国现有的政府绿色产品采购制度或节能产品采购制度，或者直接考虑进行制度融合。

（二）信息公开制度与公众参与制度或公众监督制度

关于气候变化的观测数据、科研成果、政务管理信息和资源通常集中在政府和专业机构手中，不易为公众知悉。企业的碳排放信息一般由企业向政府平台报送，如果没有强制性的信息公开制度，公众能够获得的气候变化信息和参与气候治理的途径极其有限，公众监督亦为空谈。另外，鼓励公众参与和公众监督也是设置信息公开制度的重要目的之一。

因此，信息公开制度是公众参与制度或公众监督制度的前提，应同时存续于应对气候变化法规中。只有通过立法建立强制性的应对气候变化信息公开制度，才能保障公众的信息知情权和监督权。

（三）碳排放总量控制制度或规划制度与评价考核制度

中国已经建立了基于碳强度的评价考核制度，未来的发展趋势是建立与碳排放峰值目标相对应的碳排放总量控制制度。碳排放总量控制制度的目的不仅是提出并分解排放量，更重要的是落实排放量控制责任。同理，规划制度的重要任务之一是设定应对气候变化的目标，旨在追求目标实现的合理途径。因此，可以将评价考核制度看作碳排放总量控制制度和规划制度相对应的、用于表征结果的配套制度。

因此，碳排放总量控制制度和评价考核制度一起形成了一个闭环，其中碳排放总量控制制度解决了排放控制目标的产生和分配规则问题；同理，碳排放规划制度和评价考核制度一起也形成了一个闭环，其中规划制度承担了"出题"的任务，评价考核制度担任了"判卷"的角色。

（四）标准化制度、排放核算报告制度与排放配额交易制度

按照中国目前的全国碳排放交易制度设计，标准化制度为排放者开展排放核算和报告提供了"尺子"，保证了温室气体排放者、政府管理者和核查机构能够"车同轨、书同文"，提升排放配额交易的公信力；同时，排放核算报告制度旨在获得排放数据、掌握排放情况，也是开展碳排放配额交易的前提。

因此，标准化制度、排放核算报告制度、排放配额交易制度三者之间不但在制度运行中呈现先后关系，在制度产生和成熟度上也应具有先后关系。只有在标准化制度和排放核算报告制度均较为成熟的基础上，才能建立起顺畅的排放配额交易制度。

（五）排放配额交易制度、核查制度、信用管理制度

核查制度为排放配额交易制度提升公信力，信用管理制度为排放配额交易制度和核查制度提升强制力。排放配额交易制度、核查制度与信用管理制度这 3 项制度之间既平行独立，又在运行中互为依存，其中，核查制度因具有独特的法律关系和运行规则而成为一项独立的制度，而不是排放配额交易制度的附属制度。为了使碳排放者按要求完成排放配额清缴，使核查机构按要求开展核查，需要后端的信用管理和法律责任来提供制度运行动力。

二、互斥的制度

有些制度虽然路径不同，但制度目标相近、制度效果重复。例如，排放税收制度和排放收费制度存在重复，当《环境保护税法》实施后，就不能再征收环境污染费；应对气候变化领域的排放许可证制度和排放配额交易制度功能相近；排放核算报告制度和信息公开制度存在交叉；低碳技术目录制度和排放核算报告制度中的"排放门槛"部分重叠。

此类制度效果相似的制度单独存在都具有合理性，但放在应对气候变化整体制度体系内则需要谨慎考量。制度效果相似的制度如果同时存在，一方面将导致制度间互相影响，指向不明，执法不畅；另一方面将导致行政相对人负担过重，影响企业发展活力，形成"一事多罚"，甚至

"苛政猛于虎"的不公平、不合理结果。因此，对互为排斥的制度应进行取舍，或者补充详细说明来划定制度边界、限定制度条件。

第三节 中国应对气候变化的制度体系构建

应对气候变化的制度体系包括两个层次：第一个层次是各环境要素法所通用的"管理监督""宣传教育和公众参与""激励措施""法律责任"；第二个层次是应对气候变化领域所特有的"减缓气候变化""适应气候变化""国际合作"。应对气候变化的制度体系具体细分为以下5类。

一、应对气候变化管理监督制度体系

应对气候变化管理监督制度体系是整个应对气候变化制度体系的"根"，包括规划制度、评价考核制度、统计核算制度、标准化制度、信用管理制度5项。

（一）制度分类

应对气候变化管理监督制度体系中的5项制度可以根据不同维度进行4种分类。

根据制度产生的时间可以分为2类：一是处于减缓和适应气候变化行为之前的规划制度和标准化制度；二是处于减缓和适应气候变化行为之后的统计核算制度、评价考核制度、信用管理制度。

根据制度逻辑可以分为3类：一是与法律目标相对应的规划制度和

评价考核制度；二是与法律行为相对应的统计核算制度和标准化制度；三是与法律结果相对应的信用管理制度。

根据制度适用对象可以分为 3 类：一是适用于公权主体的规划制度和评价考核制度；二是适用于私权主体的信用管理制度；三是对公权主体和私权主体均适用的标准化制度和统计核算制度。

根据制度模式可以分为 2 类：管理类的制度包括规划制度、统计核算制度、标准化制度；监督类的制度包括评价考核制度和信用管理制度。

（二）制度分析

应对气候变化管理监督制度体系是表征《应对气候变化法》属于行政法的标志，其中除信用管理制度外，规划制度（如应对气候变化规划）、评价考核制度（如碳强度目标评价考核）、统计核算制度（如温室气体排放清单编制和排放统计）、标准化制度（如温室气体排放标准）均在实践中被反复检验（见图 2-1）。应对气候变化管理监督制度体系中的 5 项制度属于政府对政府，或者政府对行政相对人实施的行政管理，通用于生态环境各领域，并非应对气候变化领域所特有。

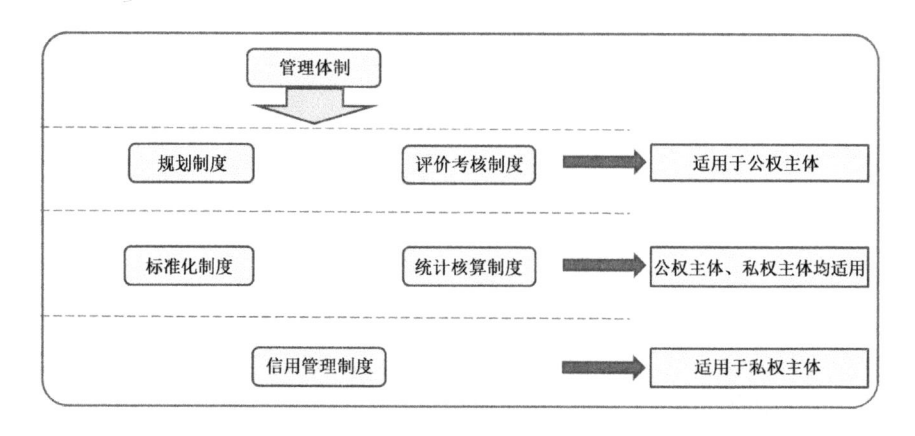

图 2-1 应对气候变化管理监督制度体系

二、减缓气候变化制度体系

减缓气候变化制度体系是整个应对气候变化制度体系的"本",包括碳排放总量控制制度、排放配额交易制度、排放核算报告制度、核查制度、碳汇制度、现场检查制度共6项。

(一)制度分类

根据不同标准,可以将6项减缓气候变化制度按照两种方式进行划分。

以制度管控手段为依据,可以分为2类:一类制度的目的是设定减缓义务,包括碳排放总量控制制度、排放配额交易制度、碳汇制度;另一类制度的目的是监督落实减缓义务,包括排放核算报告制度、核查制度、现场检查制度。

以制度实施时间为依据,可以分为3类:一是在减缓气候变化行为实施之前需要构建的制度,包括碳排放总量控制制度和排放配额交易制度;二是处于减缓气候变化行为实施过程中的制度,包括碳汇制度;三是在减缓气候变化行为实施之后的制度,包括排放核算报告制度、核查制度、现场检查制度。

(二)制度分析

减缓气候变化制度体系本质上是政府使用行政权对温室气体排放行为进行干预,以达到控制温室气体排放的行政目的,制度的强制性和规制力源于政府公权力。因此,在应对气候变化法律制度体系构建过程中,6项减缓气候变化制度必须与"法律责任"建立一一对应的关系:

先通过各项减缓气候变化制度明确排放者的减排义务和管理者的管理权力；再确定相应主体的法律责任，实现制度闭环（见图 2-2）。

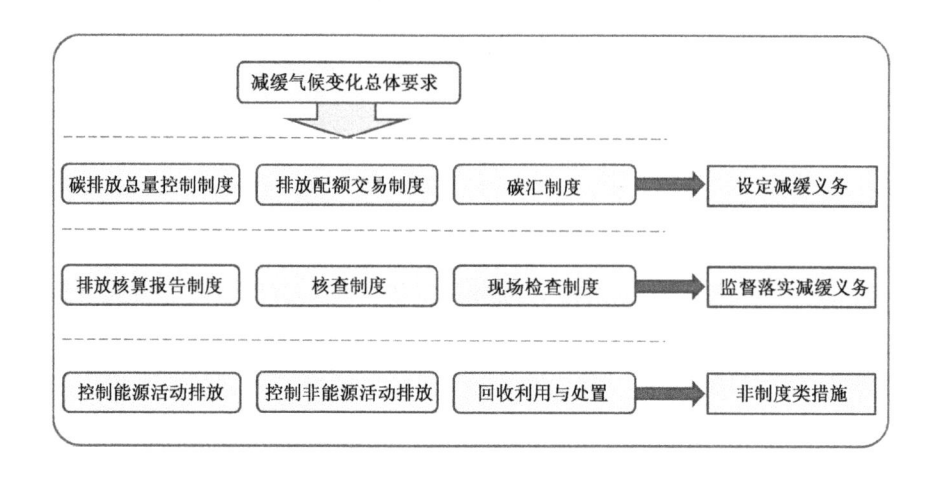

图 2-2　减缓气候变化制度体系

三、适应气候变化制度体系

适应气候变化制度体系包括预测预警制度、气候变化影响评估制度、极端气候灾害应对制度、适应基金制度、气候保险制度，后 4 项制度均属于救济类制度。在适应气候变化制度体系构建上，通过明确适应气候变化的总体要求、重点行业和重点任务，来明确适应气候变化关系中的法律责任；通过气候变化影响评估制度、预测预警制度、极端气候灾害应对制度来明确适应气候变化的法律措施；通过旨在提升适应气候变化能力的、政策性的适应基金制度和气候保险制度，为整个适应气候变化制度体系提供法律保障（见图 2-3）。

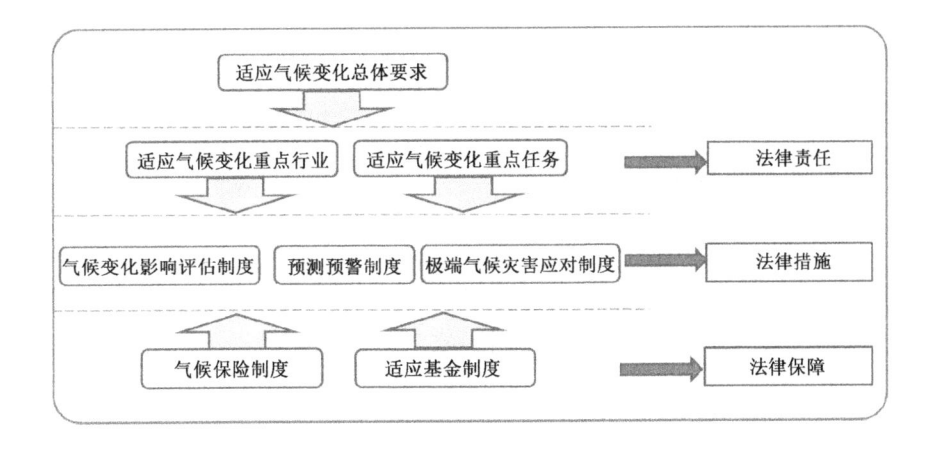

图 2-3 适应气候变化制度体系

四、行政关系外部的制度体系

前文所述的应对气候变化管理监督制度体系、减缓气候变化制度体系和适应气候变化制度体系三大制度体系，主要调整的是政府在管理温室气体排放、适应气候变化过程中形成的法律关系，属于行政法范畴中的行政法律关系。同时，在国家应对气候变化行政管理关系外部，还存在信息公开制度、公众参与制度、国际合作制度，它们均借助行政管理体系之外的权力实现制度目的。

信息公开制度和公众参与制度是一对具有因果关系的制度，它们旨在借助公众的力量实现气候治理；国际合作制度包括履约组织管理、国际合作管理、国际合作引导等内容，是指通过国际法律约束、国际资金保障、国家间借力等途径推进气候治理。

五、应对气候变化奖惩制度体系

在应对气候变化领域，激励类制度包括气候专项资金制度、低碳产品政府采购制度、低碳金融制度、低碳技术目录制度4项。其中，前两项制度由政府负责实施，后两项制度由社会主体负责实施。

惩罚类的法律措施应与温室气体管控类制度相对应，一般放在法律措施最后的"法律责任"部分，包括两个层次：一是政府工作人员、重点排放单位、核查机构等不同主体的法律责任；二是违反现场检查、报告或交易过程数据不实、违反信息公开等违法行为的法律责任（见图2-4）。

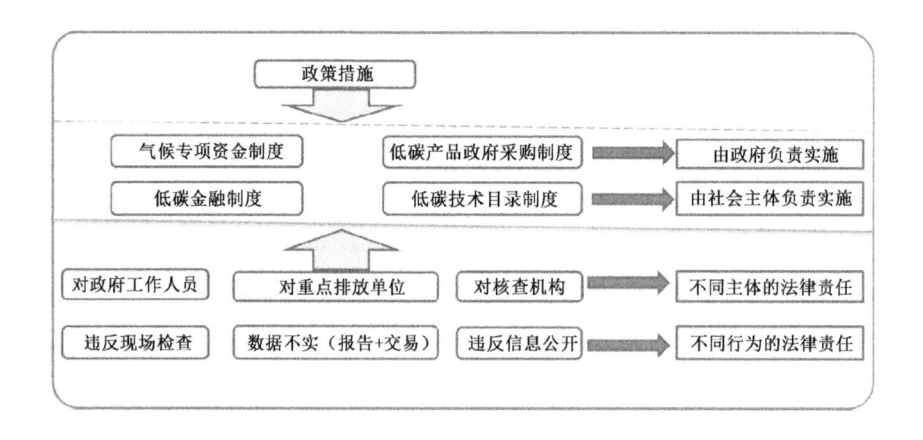

图 2-4　应对气候变化奖惩制度体系

第四节　中国应对气候变化的制度选择

随着应对气候变化制度建设的不断发展和丰富，制度之间的内容自治、运行协调、管理衔接问题日益凸显，已有的法律制度对于气候变化的制度内容设计和制度建设进程的影响和参考价值需要深入梳理，从而避免制度之间的交叉重复，解决好制度之间的协同问题。

一、核心制度识别

无论采取哪种立法路线，均有必要对立法涉及的所有制度进行优中选优，分出梯队，识别出应对气候变化领域的核心制度。综合前文的制度分析，笔者认为，只能通过应对气候变化立法新构建的制度有7项：碳排放总量控制制度、核查制度、碳汇制度、适应基金制度、排放配额交易制度、国际合作制度、气候保险制度。这7项制度很难向现行法律制度搭便车，无法通过在已有成熟制度中增加应对气候变化内容就完成。这7项核心制度必须在开展应对气候变化立法过程中回答制度构成的各要素设计，明确制度运行逻辑。这是开展应对气候变化立法的重要任务。

二、制度取舍

有些国家和地区在其《应对气候变化法》中还运用了碳税制度、排放目录制度、碳排放评价制度、碳排放许可证制度等被公认为对于控制温室气体排放行之有效的制度。中国环境保护领域的三同时制度、环境保护税制度、环境诉讼制度、生态补偿制度等也具有较为成熟的经验，但暂时未纳入应对气候变化制度体系。其原因如下。

一是由于国家简政放权的改革要求更加市场化的治理方式，对于应对气候变化立法涉及新增的行政许可"只减不增"。例如，中国近年来对《环境影响评价法》《节能法》的修订就体现了简化环境项目、节能项目前置性审批的改革方向。因此，碳排放许可证制度、碳排放评价制度等强硬的控制温室气体排放制度难以适应中国当前的法制建设方向。

二是由于制度之间的效果重复,容易导致企业负担过重,并出现"一事多罚"的情况。例如,一家企业不能由于过量排放温室气体这个行为,导致需要缴纳碳税、购买排放配额、缴纳罚款等多重惩罚,因此必须对效果重叠的制度进行取舍。

三是污染收费制度、排放目录制度等一些比较"硬"和古老的环境治理手段,在现行公民社会、市场主导的治理体系中已不合时宜。

三、制度协同与融合

根据 2018 年国务院的机构改革要求,应对气候变化职能已经归入生态环境部。在"大环保观"下,生态环境领域近年来取得的立法成果中的很多基础性、通用性的管理制度值得应对气候变化立法借鉴。

笔者研究认为,开展应对气候变化立法有两种可行思路。一种是单独制定《应对气候变化法》,但按照前文所述的制度筛选结果,应对气候变化领域独特的制度管控手段并不多,若要单独开展立法需要进一步丰富制度供给,向生态环境领域借力。另一种是应对气候变化立法分两步走,首先利用《环境保护法》再次修订的契机,将应对气候变化的核心制度纳入《环境保护法》,相当于在环境保护的基础性法律中有了立法依据,这样比直接立新法的难度要小,立法的可行性较大;其次将《应对气候变化法》定位为一部与《大气污染防治法》《水污染防治法》《固体废物污染环境防治法》《环境噪声污染防治法》平行的环境要素法,继续开展单独立法,构建完整的应对气候变化制度体系。

若采取"两步走"的立法思路，则需要在应对气候变化核心制度识别的基础上，研究如何仅用几个法律条款解决应对气候变化立法的基本问题。

开展应对气候变化立法的本质是创建气候变化领域特有制度，借力其他领域既有制度，理顺制度之间的逻辑关系，搭建应对气候变化制度体系。通过分析认为，应将碳排放总量控制制度、核查制度、碳汇制度、适应基金制度、排放配额交易制度、国际合作制度、气候保险制度7项制度作为立法工作的核心，完成制度要素设计，支撑应对气候变化立法的独特法域；应将生态环境领域、资源能源领域、行政管理领域的制度运行机制摸清吃透，增加气候变化内容，体现"大环保""大生态"观念下的制度协同融合；应坚持比例原则，顺应改革要求，搭建逻辑完整、有奖有罚、内部自洽、外部协调的应对气候变化制度体系。

四、系统搭建激励与约束并举的制度体系

建议通过立法，一是构建应对气候变化管理监督体系，包括战略规划、评价考核、统计核算、标准化和信用管理等行政管理制度及措施；二是构建减缓气候变化制度体系，包括排放总量控制、排放配额交易、报告核查、碳汇和现场检查等直接控制温室气体排放的管控制度及措施；三是构建适应气候变化制度体系，包括预测预警、气候变化影响评估、极端气候灾害应对、适应基金和气候保险等旨在提升适应气候变化能力的法律制度及措施；四是构建气候奖惩制度体系，包括气候专项资金、绿色低碳基金、碳资产与碳金融、低碳产品政府采购、低碳技术目录等表征激励或惩罚性结果的法律制度及措施。

第三章
应对气候变化的管理体制

第一节　中国应对气候变化的管理体制

中国已建立起由国家应对气候变化领导小组统一领导、国务院应对气候变化主管部门归口管理、各有关部门分工负责、各地方各行业广泛参与的应对气候变化管理体制和工作机制。2018年，国务院机构改革再次把应对气候变化管理体制问题推向风口浪尖。系统总结中国应对气候变化管理体制建设历程，借鉴相关国际经验，对于推进应对气候变化工作法治化、制度化、国际化具有重要意义。

一、中国应对气候变化管理体制的历史沿革

全国人民代表大会常务委员会于1992年批准《联合国气候变化框架公约》，于2016年批准加入《巴黎协定》。对应国际条约的履约要求，中国应对气候变化的管理体制不断健全。1990年，在国务院环境保护委员会下设立了"国家气候变化协调小组"，负责统筹协调中国参与应对气候变化国际谈判和国内对策措施。1998年，中国成立了"国家气候变化对策协调小组"，该小组作为部门间的议事协调机构。

2007年，中国成立了"国家应对气候变化及节能减排工作领导小组"，对外称国家应对气候变化领导小组或国务院节能减排工作领导小组（一个机构、两块牌子），作为国家应对气候变化及节能减排工作的

议事协调机构。领导小组由国务院总理担任组长，由相关 20 个部门的部长担任领导小组成员；领导小组下设的"国家应对气候变化领导小组办公室"和"国务院节能减排工作领导小组办公室"均设在国家发展改革委。

2008 年，国家发展改革委新设应对气候变化司，负责统筹协调和归口管理应对气候变化工作。2010 年，在国家应对气候变化领导小组框架内设立协调联络办公室，加强了部门间的协调配合。

2018 年，根据《第十三届全国人民代表大会第一次会议关于国务院机构改革方案的决定》，新组建生态环境部作为国务院组成部门，其职责包括：国家发展改革委的应对气候变化和减排职责，原环境保护部的职责，国土、水利、农业、海洋、南水北调等领域的环境保护职责。这样将形成中国生态文明管理的整体合力，也将使国家应对气候变化管理体系更健全、更科学、更经济，进而实现中国生态文明行政管理资源的集约化、高效化、一体化。

二、应对气候变化的议事协调机制

（一）应对气候变化及节能减排工作领导小组

目前，在国家和各省层面均成立了"应对气候变化及节能减排工作领导小组"。国家领导小组承担研究制定应对气候变化的重大战略、方针和对策，统一部署管辖地区应对气候变化工作，研究审议国际合作和谈判方案，协调解决应对气候变化工作中的重大问题等职责。在领导小组牵头部门成立协调联络办公室，负责召集小组会议，以及根据议题需要请相关成员单位负责同志参加。

根据 2018 年国务院办公厅《关于调整国家应对气候变化及节能减排工作领导小组组成人员的通知》，对国家应对气候变化及节能减排工作领导小组组成单位和人员进行了调整。与 2013 年的领导小组调整结果相比，2018 年除根据国务院机构改革要求，部分组成单位名称进行了对应调整外，主要有两点变化：一是增加了文化和旅游部、人民银行、国际发展合作署 3 家成员单位；二是国家应对气候变化及节能减排工作领导小组具体工作由国家发展改革委承担，改为由生态环境部、国家发展改革委按职责承担。

根据 2018 年 8 月中共中央 国务院办公厅印发的《生态环境部职能配置、内设机构和人员编制规定》，由生态环境部应对气候变化司负责承担国家应对气候变化及节能减排工作领导小组有关具体工作。

（二）部门间的气候协调机制

在减缓气候变化领域，根据国务院办公厅印发的《控制温室气体排放工作方案》重点工作部门分工，除国家应对气候变化主管部门负责统筹协调控制温室气体排放各项工作外，外交部、科学技术部、中国气象局、财政部、商务部、住房和城乡建设部、交通运输部、水利部、农业农村部、国家林业和草原局、中国民用航空局、教育部、中国科学院、国家统计局、自然资源部等其他相关部门按照职责分工，分别承担应对气候变化相关领域的工作。这些政府部门相继建立了应对气候变化职能机构和工作机制，负责组织开展本领域应对气候变化相关工作。

在适应气候变化领域，2018 年国务院机构改革后新组建的生态环境部、自然资源部、农业农村部、应急管理部均与适应气候变化工作密切相关，涉及职责包括：一是自然资源部的水资源、草原资源调查及森林、湿地等资源调查职责，以及海洋综合管理职责；二是生态环境部的应对气候变化和减排职责，编制水功能区划、流域水环境保护职责，海洋环境保护职责；三是农业农村部的农田整治、农田水利建设项目管理职责；四是应急管理部的应急管理、消防管理、救灾、地质灾害防治、水旱灾害防治、草原防火、森林防火、应急救援、防汛抗旱、减灾救灾、森林防火等职责。

（三）国家应对气候变化专家委员会

为了提高应对气候变化决策的科学性，中国于2007年成立了包括31位专家在内的国家应对气候变化专家委员会，作为国家应对气候变化领导小组的专家咨询机构，主要职责是就气候变化的相关科学问题及中国应对气候变化的长远战略、重大政策提出咨询意见和建议。国家应对气候变化专家委员会秘书处的办公地点设在中国气象局，国家应对气候变化专家委员会组成人员定期调整。

三、中国地方应对气候变化管理体制现状

在具体实践中，国家应对气候变化管理部门主要通过政策规制、业务指导、资金支持、试点示范、指标考核等方式，来推动地方应对气候变化相对工作。目前，国内各省（自治区、直辖市）及新疆生产建设兵团都建立了应对气候变化工作领导小组和专门工作机构。在2018年国务院机构改革之前，除青海省[1]之外的各省级应对气候变化领导小组办公室均设在各省级发展改革委，负责拟定并组织实施全省应对气候变化政策，已有10余个省级发展改革委专门设立了应对气候变化处，其余

---

[1] 2018年国务院机构改革前，青海省应对气候变化的主管机构是青海省经信委。

各省级发展改革委通过一个机构、两块牌子的方式，将气候处和环资处或地区处合署办公。在城市层面，以镇江市、广元市为代表的国家低碳试点城市成立了级别较高的市级低碳发展管理机构，其余国内大部分市、县、乡基本没有应对气候变化的专门主管机构，控制温室气体排放的职能大多设在综合处，一职多能现象普遍，人员和气候治理职责的流动性大、专业性不强。

就环境保护管理体系而言，曾经长期对地方环境保护机构实施"双管理"，即地方环境保护以地方政府管理为主，以上级环境保护管理为辅。2016年"垂直改革工作"以后，国家与省级环境保护机构之间仍以省政府管理为主，以国家环境保护机构对省级环境保护机构的管理为辅；省级以下环境保护机构以上级环境保护机构管理为主、以同级政府管理为辅。环境保护监测、环境保护监察执法在进行"垂直改革"后，县级环保局改为市级环保局的分局。根据2018年国务院机构改革安排，地方应对气候变化管理可以更好地借力环境污染治理的执法力量，但仍然存在一定的不确定性，关于气候治理的能力建设任重而道远。

四、中国应对气候变化管理体制存在的问题

中国应对气候变化管理体制呈现一个倒三角形，头重脚轻（见图3-1）。中央层面制定的政策、规划和规则，到了地方缺少专门的主管机构、专职人员，以及相应的专项资金支持。国家层面议事协调机制在协调对外谈判、协调部门分工方面发挥了重大作用，但地方层面的协调小组效用不高，某些小组形同虚设。同时，地方政府应对气候变化管理机构不健全、职责过于集中；人员队伍专业基础较薄弱、流动性较大；执政干部的低碳意识有待提高，身兼数职的情况较为普遍。

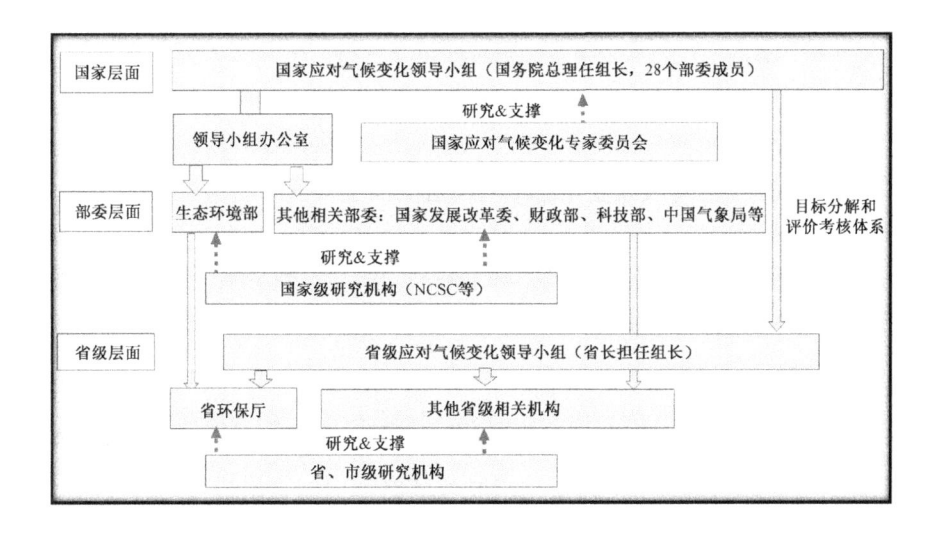

图 3-1　中国应对气候变化管理体制

第二节　国外应对气候变化的管理体制

目前，在《联合国应对气候变化框架公约》下的缔约方已达 197 个。虽然各地历史变迁有别，政府管理体制殊异，但缔约方国内应对气候变化管理体制建设多起步于 20 世纪末、健全于 21 世纪初。各缔约方国家通过立法回答了应对气候变化"由谁干、干什么"的问题，并呈现出一些共同特征。

一、将应对气候变化管理体制纳入立法

（一）赋予应对气候变化管理机构法律地位

很多国家和地区在其应对气候变化立法中明确规定了应对气候变化管理机构的地位和职权，实现气候管理事出有名、事出有据。《德国联邦气候保护法》授权德国联邦政府监督落实温室气体减排目标的职权，在不违反欧盟法律的情况下德国联邦政府有权调整各部门的碳预算，无须征得德国联邦参议院同意；德国联邦政府部门和直属机构具有实施温室气体减排措施的义务。韩国《低碳绿色增长基本法》第 3 章规定了国家和地方"绿色增长委员会"的组成、职能、运行规则、人员组成及任免等内容。新西兰《2002 年应对气候变化法》第 2 部分规定了财政部、国家登记处、国家清单署等机构的职责，构建了新西兰应对气候变化的管理监督体系。墨西哥《气候变化基本法》第 5 章《国家气候变化体制》，包括 10 节 60 条款项，设立了由气候变化委员会、政府内务部气候变化委员会、能源和气候变化局、顾问班子，以及州政府组成的国家应对气候变化体系。美国《加利福尼亚州全球变暖解决方案法案》建立了加利福尼亚州应对气候变化的管理监督机制，明确了由加利福尼亚州空气资源委员会主管温室气体减排事务。菲律宾发布的《2009 气候变化法》第 2 部分新设气候变化委员会作为国家应对气候变化的主管机构，并详细规定了气候变化委员会的组成要求、职权、会议和报告制度，以及委员的任职资格、任期、报酬等问题。

（二）成立高级别、跨部门、综合性的应对气候变化管理组织

很多国家都专门建立了应对气候变化跨部门组织或办公室，以协调

多部门的应对气候变化管理职责。韩国绿色增长委员会，由财政部、教育科学技术部、知识经济部、环境部、国土海洋部等部门的代表担任委员，由总理与总统指派的人共同担任委员长。菲律宾气候变化委员会直接隶属于总统办公室，是唯一可以代表菲律宾接受应对气候变化国际捐赠的国家机构。菲律宾的《2009气候变化法》赋予了菲律宾教育厅、内政部、环境与自然资源部、外交事务部、新闻局、政府金融机构、地方政府和政府学院等相关政府机构应对气候变化有关的职能，并规定了部门间的协调原则。

（三）明确应对气候变化主管机构的职能

各国应对气候变化主管机构的法定职责大致包括以下几个方面。

一是设定并督促落实温室气体减排目标。例如，《加利福尼亚州全球变暖解决方案法案》规定由空气资源委员会负责基于历史温室气体排放数据提出2020年前分阶段的温室气体减排目标和初期行动目标，并负责监督法案实施。英国《应对气候变化法》建立了独立于政府的应对气候变化委员会，负责对碳预算的制定、分配提出建议，编制年度进展报告，并监督政府落实预算目标。

二是为实施法律制定气候政策。例如，《加利福尼亚州全球变暖解决方案法案》规定了碳排放权交易的管理机构、交易种类和范围等几项最基础的内容，同时授予空气资源委员会制定具体交易规则的权力。

三是组织开展应对气候变化宣传与合作。例如，新西兰《2002年应对气候变化法》规定由财政部负责以国家的名义进行温室气体减排量的海外交易，由国家登记处负责与海外进行温室气体减排的信息交流。

（四）明确资金来源和使用规则

很多国家通过立法为应对气候变化建立了稳定的资金保障渠道。《瑞士联邦二氧化碳减排法》规定，由联邦委员会在咨询各州及利益相关方的基础上，负责确定碳税征收程序、税款分配使用比例，并颁布下位法。

韩国《低碳绿色增长基本法》第6章《基金的设置及运用》，建立了国内气候变化基金制度，对适应气候变化基金的建立、使用进行了规定。菲律宾《2009气候变化法》第4部分规定了国家应对气候变化的初始运作基金、国内资金来源和使用原则、接受国际捐赠的主体及赠款使用等。根据菲律宾《2009气候变化法》，其国内应对气候变化资金来自国内中央政府和地方政府的拨付。菲律宾教育厅、内政部、环境与自然资源部、外交事务部、新闻局、政府金融机构、地方政府和政府学院等所有与气候变化有关的国家政府机构应当每年拨出足够的资金；政府金融机构为气候变化项目提供一揽子的资金优惠计划，气候变化委员会负责资金的评估、建议和监督，菲律宾中央银行负责制定资金实施指南。国际捐赠必须经过事先清查，由菲律宾总统听取外交事务部秘书长的建议后批准，由气候变化委员会代表菲律宾接受捐赠，国际捐赠不得用于气候变化委员会自身的开支。在资金使用方面，国内资金和国际捐赠资金有明显不同的安排：国内资金用于气候变化培训、能力建设、机构经费和人员报酬；国际捐赠资金主要用于推广技术、国际交流、气候变化的评估和适应问题。新西兰《2002年应对气候变化法》规定应对气候变化战略研究经费主要来源于中央政府，并规定财政部有权建立或关闭官方减排账户、负责管理注册处登记事务、有权从国家清单署及登记处获取碳排放的相关信息。墨西哥《气候变化基本法》第5章《国家气候变化体制》的第7节规定了"气候变化基金"（第80~86条）相关事项。

二、权力体系外的专业支撑机构必不可少

（一）决策咨询和顾问组织

为了提高政府决策、监督及气候影响评估和预测的科学性，很多国家建立了应对气候变化的专业支撑机构。印度政府设立了由总理出任主席的气候变化咨询委员会。法国总理府下的外交政策顾问委员会中设置了一名气候和发展技术政策顾问，在生态和国土资源转型发展部下设立了负责国际气候谈判的特别顾问。菲律宾《2009气候变化法》中新设气候变化办公室和技术专家小组，配合气候变化委员会的工作。

（二）数据报送登记机构

为了保证碳排放的精确、透明、有效，新西兰《2002年应对气候变化法》建立了碳排放指标的交易簿独立登记制度，详细规定了登记处的操作规则和信息公开要求。新西兰国家登记处负责在承诺期内对排放单位（NZEU）的持有、交易、抵消、取消情况进行登记，并与海外登记簿进行信息交流，以保证减排参与者的权利。墨西哥《气候变化基本法》第5章《国家气候变化体制》的第8节《注册登记》（第87～90条）建立了国家排放登记处，规定了气候变化信息系统和注册登记系统等支撑机构的组成和职权。美国《加利福尼亚州全球变暖解决方案法案》也建立了温室气体排放报告制度。

（三）国家履约支撑机构

新西兰《2002年应对气候变化法》设立了国家清单署，其主要功能是：估算新西兰每年各种排放源的温室气体排放量及吸收汇的情况，准备下一年度新西兰的国家温室气体排放报告。为完成这些任务，新西兰

国家清单署需要甄别排放源种类、收集数据、估算排放量及吸收量、评估不确定性、核查数据、保留相关资料和证据以公示。墨西哥《气候变化基本法》第 5 章《国家气候变化体制》的第 6 节规定了气候变化信息系统（第 76～79 条）的相关事项。韩国《低碳绿色增长基本法》第 45 条规定，政府应当建立国家温室气体排放信息管理体系，并将结果每年进行公布。

三、建立应对气候变化的政府问责和监督机制

（一）减排目标的报告与评估

为保证气候变化法律法规中提出的目标措施符合实践进展，德国联邦政府规定了每五年一次的报告和政策评估制度。政府部门需要分别向联邦议院、行动大联盟和环保部提交气候政策实施情况报告，德国议会根据气候报告评估结果，对中长期气候政策进行修订。德国《巴登符腾堡州气候保护法》规定由巴登符腾堡州环境、气候保护和能源部负责每 3 年撰写一份气候保护工作报告，由巴登符腾堡州议会负责每 5 年对气候法律和战略的落实情况进行一次评价，如果哪个大区未完成目标，可以进行相应的行政问责，但没有刑事责任。菲律宾《2009 气候变化法》规定气候变化委员会应每年向总统和国会两院报告全国气候变化行动计划、法案实施进展和立法建议；各地政府应向国家气候变化委员会报告各地气候变化行动计划的实施情况。

（二）气候责任的监督与问责

根据菲律宾《2009 气候变化法》，菲律宾在国会内新设了国会联合

监督委员会，负责监督法律的实施。国会联合监督委员会由 5 名参议员和 5 名代表组成，分别由参议院议长和众议院议长任命的 1 名参议员和 1 名代表共同主持，所需资金由国会拨款。新西兰《2002 年应对气候变化法》建立了人事监查制度，规定政府可以派出巡查员，以检查国家清单署雇员的职责和能力，检查其他相关单位特别是农业、林业相关部门雇员的能力。

（三）公众和社团广泛参与

菲律宾《2009 气候变化法》开篇明确表明立法目的是，"充分保护和促进人民享有与自然达到和谐统一健康生态的权利。"菲律宾把积极应对气候变化提高到了保护人权中的环境权的高度，尤其是在气候变化立法中强调了性别因素。

美国虽然宣布退出《巴黎协定》并搁浅了《清洁电力计划》，但在州级层面的立法依然有所突破，很多社会组织和公众的态度仍然积极。例如，在有关环保组织的努力下，美国联邦环境保护署就温室气体对人体健康的影响进行了评估认定，进而将《清洁空气法》的管辖范围扩展到了温室气体。

国外主要国家和地区应对气候变化管理机构如表 3-1 所示。

表 3-1　国外主要国家和地区应对气候变化管理机构一览[1]

序　号	国　家	组织机构	序　号	国　家	组织机构
1	美国	环境保护部	4	德国	联邦环境、自然保护与核能部
2	欧盟	欧盟委员会	5	法国	生态、可持续发展和能源部
3	英国	商贸、能源和工业战略部	6	澳大利亚	环境部

1　翻译自《联合国应对气候变化框架公约》官方网站，见 http://www.unfccc.int。

续表

序 号	国 家	组织机构	序 号	国 家	组织机构
7	加拿大	加拿大环境和气候变化部（履约）、自然资源部（适应）	24	南非	环境事务部
8	俄罗斯	水资源和环境监测部	25	印度尼西亚	环境和林业部
9	新西兰	环境保护部	26	埃及	环境事务局
10	韩国	环境部、计划财政部	27	爱沙尼亚	环境保护部
11	波兰	环境保护部	28	越南	自然资源和环境保护部
12	希腊	环境保护和能源部	29	沙特阿拉伯	能源、工业和矿产资源部
13	匈牙利	国家发展部	30	白俄罗斯	自然资源和环境保护部
14	葡萄牙	环境保护部	31	捷克斯洛伐克	环境保护部
15	冰岛	环境和自然资源部	32	菲律宾	气候变化委员会
16	荷兰	经济事务和气候政策部	33	古巴	科学技术和环境保护部
17	丹麦	能源、基础设施和气候部	34	马来西亚	自然资源和环境保护部
18	奥地利	农业、林业、环境和水资源管理部	35	阿根廷	环境部
19	芬兰	环境保护部	36	蒙古	环境和旅游部
20	以色列	环境保护部	37	柬埔寨	环保部（国家可持续发展委员会秘书处）
21	印度	森林环境和气候变化部	38	克罗地亚	环境和能源部
22	巴西	外交部	39	哥伦比亚	外交部
23	墨西哥	政府内务部气候变化委员会	40	泰国	国家资源和环境部

第三节 健全中国应对气候变化管理体制的建议

从韩国、美国加利福尼亚州、墨西哥、菲律宾、新西兰、英国、德国、瑞士等国家和地区的立法经验来看，构建应对气候变化管理体系是应对气候变化立法的重要立法任务之一。中国应抓住生态文明法治建设的契机，通过开展应对气候变化立法，建立起统筹国际国内、协调各部门各行业、明确国家地方职责分工的应对气候变化管理体制，形成政府引导、市场主体、公众参与的气候治理格局，打造执法有据、执法有人、执法有结果的气候法治。

一、通过立法明确政府应对气候变化的管理职责

通过应对气候变化立法调研了解到，地方应对气候变化主管部门的最大立法诉求集中在立法赋权、资金保障、执法有据方面，即通过立法赋予其获取和管理排放数据、分配和清缴排放配额、监督和处罚排放行为、实施适应气候变化行动、开展区域国际合作等职责，明确相关工作的资金支持渠道，为政府依法行政提供法律依据和法律保障。在开展应对气候变化法律制度设计过程中，中国应从应对气候变化国家主管机关、行业主管部门、专业机构、社会团体等层面，明确各类主体在气候治理中的角色，分别确定其在应对气候变化管理体系中的职责内容、权力边界和追责依据。

二、通过立法建立政府应对气候变化的目标责任制度

自"十二五"中后期开始，中国建立了国家对省级政府的碳排放强度控制目标分解落实和责任考核制度。中国应通过开展应对气候变化立法，赋予碳排放峰值目标、总量和强度控制目标、适应气候变化目标法律地位。为保证应对气候变化目标体系的有效达成，中国应通过立法逐步建立控制温室气体排放的目标责任和评价考核体系，规范目标分解的

适格主体、目标分解的依据、目标落实的责任主体、评价考核程序、目标未完成的追责依据。同时，考虑到中国已经建立了生态文明评价考核制度、环境保护责任制度，在设计应对气候变化目标责任制度时，应力求各类考核制度之间的协同。

三、通过立法建立政府应对气候变化的问责机制

中国已出台的《山西省应对气候变化管理办法》和《青海省应对气候变化管理办法》均规定了政府应对气候变化的问责机制。应对气候变化立法的作用不仅要规范重点排放单位的排放行为，鼓励公众积极参与应对气候变化，而且要规定政府应对气候变化的职责范围、执法程序、执法依据和违法责任，以及行政相对人的救济途径。中国应通过开展应对气候变化立法，重点规定气候治理的政府问责机制，以法律形式监督政府管理人员行使气候管理权的执法行为，提高气候治理执政水平。

四、通过立法提升国家气候治理能力

中国基层政府的气候治理水平成为落实应对气候变化目标、贯彻应对气候变化政策、组织应对气候变化行动的瓶颈。中国应充分发挥法律的激励作用，通过开展应对气候变化立法，一是将应对气候变化的内容逐步纳入国家教育体系，培养国家应对气候变化专业人才；二是将应对气候变化纳入国家职业培训体系，提高各级领导干部和从业者应对气候变化的意识和科学管理水平，力求建立一支能够胜任气候治理职责的干部梯队；三是加强专业机构建设，通过立法保障排放数据的统计核查、信息收集、系统维护工作，保证及时提供准确的信息，提高编制地方和行业排放清单的能力。

第四章

中国减缓气候变化的法律制度

中国高度重视应对气候变化工作，把推进绿色低碳发展作为生态文明建设的重要内容，为应对气候变化走上法制化轨道奠定了实践基础。但是，在依法治国、依法行政的大背景下，强化低碳目标引领、积极参与全球气候治理、分解落实温室气体排放控制目标，以及开展全国碳排放权交易等相关工作，面临着应对气候变化法律缺失造成的突出障碍。因此，急需对减缓气候变化的法律制度进行深入研究，为推进全国碳排放权交易市场"三步走"提供理论支撑，为有效控制碳排放、推动《巴黎协定》有效落实打好基础。

第一节　碳排放权的法律属性问题研究

一、国外研究进展

经过二十几年的气候谈判，国际社会已基本建立了以《联合国气候变化框架公约》为基础的国际气候治理体系。2016年《巴黎协定》的顺利生效确立了中长期全球温室气体排放控制目标，以及基于各国《国家自主贡献》确定的温室气体排放控制路径。对英国、德国、法国、新西兰、美国加利福尼亚州等已开展了应对气候变化专门立法的国家和地区的研究结果表明：各国"确定减排目标——通过法律制度安排促进减排目标分解落实"的立法路径基本趋同；发展低碳技术、优化产业结构、鼓励可再生能源、开展碳汇的降碳路径大体相似；基于排放配额的碳市场顶层设计思路也在欧盟、美国加利福尼亚州和新西兰等地的碳排放权交易实践中得到反复检验。但是，唯独关于碳排放权法律属性的论断呈现出多彩纷呈之势,关于碳排放权的法律属性这个气候变化立法所涉及的核心问题一直没有攻克。

碳排放权作为一项无形权利,被纳入法律政策管控视野的时间较短,相关理论研究基础薄弱。目前,关于碳排放权的法律属性、与相关权利之间的关系、确权和行权程序、救济途径等问题均无定论。据欧盟环保署 2008 年一份技术核算报告显示,法国、德国、意大利和西班牙等国家将碳排放权视为商品,受金融法律的规制;荷兰、斯洛文尼亚和丹麦等国家将碳排放权视为无形资产;瑞典将碳排放权视为金融产品,受金融服务管理机构的管理。碳排放权较成体系的理论主要有大气信托理论、新财产权论及与之对立的反财产权论,以及基于政府管理的规制权论。这种情况固然与各国立法传统和行政管理手段的差异化有较大关系,但也说明对于碳排放权法律属性这个问题,需要放在具体国家的法律和行政体制下进行研究才能有求解的较大可能性,以及对实践的指导价值。

二、国内研究成果

国内学界关于排污权的法律属性研究较多,但专门针对碳排放权的法律属性的研究寥寥。有些研究甚至将碳排放权和排污权混为一谈,忽略了温室气体不是污染物的基本事实。就中国学者公开发表的研究成果来看,对碳排放权法律属性的认识主要包括环境容量利用权、准物权、新型财产权、行政规制权、发展权和碳资产,还有些观点将其中的结论进行两两配对组合。有学者主张应从立法论角度出发,在法律丛林中为碳排放权量身打造栖息之所;有学者认为应从解释论角度出发,在现有民事权利体系和法律制度框架内为排污权和碳排放权这类新型权种寻求成本较小的安身之处。虽尚处于研究争鸣阶段，但对于碳排放权这项挑战了现有民事权利体系的新型权种，其兼具的公法和私法双重属性，正在逐渐形成共识。碳排放权是一项具有层次性的权利，集公权和私权于一体。但是，具体是公权特征多一点，还是私权特征多一点，成为几派观点论证逻辑起点的分水岭。

（一）行政法观点：行政许可或行政规制权

行政法观点不支持将碳排放配额界定为财产性的权利，认为"碳排放权"是一种针对排放行为的"行政规制权或行政许可"，受国家管理，由政府支配。碳排放权是政府对于碳排放的管理权（行政规制权）；排放配额的发放、监督、清缴的过程，是政府行使管理权（公权）的过程；而按照排放配额要求进行排放，是排放者应当承担的义务（履约）。立足公权的行政规制权论，不但能够在中国实际运行的碳排放目标分解落实与考核制度和碳排放核算报告制度中得到验证，还能够兼顾保障国家气候安全的因素。行政规制权论较好地契合了当前全国碳排放权交易体系作为控制碳排放的政策工具的定位，能够很好地为政府前期进行排放配额初始分配、后期进行排放配额缩减等干预行为找到法律依据。在行政规制权论下，政府通过行政许可、行政处罚、行政强制和行政裁决的方式管理碳排放；公民可以通过行政复议、行政诉讼的方式产生国家赔偿、行政赔偿、行政行为变更等结果而进行权利救济。

（二）民法观点：准物权或用益物权

民法观点认为，碳排放权是资源环境使用权、财产权、无形资产、产权、用益物权，以及与取水权、矿业权、渔业权同类的准物权。民法观点以交易行为本身作为逻辑起点，认为碳排放权是一种财产性的制度安排，较好地解释了碳排放配额的定价、交易、抵押、质押等法律行为，也能够支撑未来碳排放权交易市场衍生品的创设和发展需要。

民法观点的缺陷如下。一是基于物权保护原则，国家只有在紧急情况下才有权对公民财产进行征收、征用，政府对碳排放配额的过度干预需要受到限制。在现行碳排放权交易体系下，政府对于碳排放配额进行周期性地创设、分配、设定清缴义务、回购等行政行为，这等同于对社会财产进行直接分配和干预，在依法治国、依法行政的要求下，难以得到充分的法律支撑。二是民法观点对立法层级要求更高。若将碳排放权设定为物权或准物权等民事性的权利，必须经全国人民代表大会通过的法律才可以创设；而如果只设定为行政许可或者行政规制权，则国务院或全国人民代表大会出台的条例或法律均可创设。

（三）环境法观点：以自然为母权的资源空间占用权

环境法观点认为，可以将碳排放权视为与排污权一样的环境容量利用权，或以国际公约为逻辑起点的发展权。环境法观点还认为，基于国际条约创设的2℃全球温室气体减排目标形成了全球碳排放空间，各国的碳排放权实质上是对这一排放空间的再分配。环境法观点较好地解释了碳排放权的母权，即基于大自然自我修复能力所形成的、对人类破坏行为的容忍程度。

但是，如果将碳排放权视为空间型权利，就难以解释对碳排放权进行定价、有偿取得、政府收缴等现实中存在的行为。另外，从侵权救济的角度来看，由于气候变化造成的损失、损害具有不确定性、延期性和非对应性，导致应对气候变化的法律责任的"果"与"因"不处于一一对应的关系。只有实现了碳排放权的损害程度定量化、损害评估标准化、损害队伍专业化、损害赔偿多样化，才能够较好地实现权利救济。若将碳排放权的法律属性定位于资源空间类的权属，自然界是过量排放的受害者，当其权利受到侵害时，只有通过公益诉讼才能够实现损害赔偿。以自然为母权的资源空间占用权的观点虽然较好地抓住了道义致高点，但是将该观点放在碳排放权在现实的运行和保障过程中难以落地，不利于政府对碳排放的有效管控。

三、碳排放权的定性宜"立足公权"

以上观点各具道理，分歧的本质在于控制碳排放的手段上，应该追求"政府多一点还是市场多一点"。碳排放权作为一项看不见、摸不着的新生事物，前端联系国际减排承诺目标，中端成为碳排放权交易市场的标的，后端则与财务审计、合规性审查、司法裁量紧密联系。碳排放权的权属性质关乎碳排放权交易市场中排放配额免费发放、清缴、会计入账、纳税等一系列行为该如何定性、如何管理和如何处罚。将碳排放权定位于准物权、用益物权、产权的观点在全国碳排放权交易市场启动前曾长期处于主流地位。此观点能够有效承载碳排放权的经济属性，但是难以为政府免费发放排放配额、清缴排放配额等行为提供依据。同时，碳排放配额的分配和流转需要后期依法进行财务审计，而在目前财务审计法律依据不足的情况下，隐含的审计风险不可想象。因而，认为排放权是一种可交易的许可、具有公权特征的行政规制权的观点，在《全国碳排放权交易市场建设方案（发电行业）》颁布之后成为新晋主流。

综合考虑中国现阶段已经具备的温室气体控制排放制度实践、立法阻力、权力救济途径、公民社会的成熟程度等因素，笔者建议现阶段宜从立足公权的角度解决碳排放权的法律属性问题。类似于政府对于道路交通行为的管理权，碳排放权是一项针对排放行为的政府行政规制权，兼具公权和私权双重属性。

将碳排放权作为行政规制权的观点，有如下优势。

一是经得住现行温室气体控制排放制度检视。行政规制权的"确权—行权—救济"逻辑，符合碳排放核算报告制度、碳排放强度目标分解落实制度等国内较成熟的温室气体控制排放制度的确证。

二是符合司法案例检视。经几番了解，笔者目前仅调研到一例碳排放权交易试点期间产生的司法案例，即深圳市 2014 年出现的一例因碳排放权交易引发的行政诉讼案，初审、终审政府管理机关均以胜诉告终。此案是通过行政诉讼而非民事诉讼进行的权利救济，其为碳排放权是一项行政性的公权的论断提供了司法支撑。

三是便于降低立法阻力。《碳排放权交易管理条例（送审稿）》在立法过程中需要就"配额、核查机构资质认定"这两项新增行政许可进行听证。而行政规制权论将碳排放的管理视为政府的行政管理职责，加之可以由认证监察部门通过管理体系认证的思路对核查机构进行资质认定，或许可以避免立法面临的新增行政许可问题，进而简化立法程序。

四是契合其他领域经验。美国 1990 年修订的《清洁空气法》明确规定碳排放权不是财产权，而在国内能源市场中几乎所有电价、成品油价格均由政府决定，碳排放权由政府主导也是题中之义。但是需注意的是，不能将碳排放权交易制度视作碳排放许可证交易制度，而违背"市场"的"初心"。在肯定碳排放权的行政规制权属性的同时，应避免将其过度公法化的倾向，以提振和保障碳排放权交易市场投资者和参与者的信心和动力。

第二节　中国碳排放目标分解落实与考核制度

一、中国控制碳排放的目标体系

2009年，中国政府提出了到2020年单位国内生产总值二氧化碳排放比2005年下降40%～45%的目标（已超额完成）。《"十二五"规划纲要》和《"十三五"规划纲要》分别提出了单位国内生产总值二氧化碳排放下降17%和18%的约束性指标，其中"十二五"规划相关目标均已超额完成（见表4-1）。2014年，《国家应对气候变化规划（2014—2020年）》提出了中国2020年前应对气候变化的主要目标和重点任务。2015年，中国向《联合国气候变化框架公约》秘书处提交的《中国国家自主贡献文件》明确提出，中国二氧化碳排放到2030年左右达到峰值并力争尽早达到峰值，单位国内生产总值二氧化碳排放比2005年下降60%～65%，非化石能源占一次能源消费比重达到20%左右，森林蓄积量比2005年增加45亿立方米左右等一系列目标（见表4-2）；提出了构建低碳能源体系，形成节能低碳产业体系，控制建筑和交通领域排放，增加碳汇，倡导低碳生活模式，提高适应气候变化能力，创新低碳发展模式，强化科技支撑等15项保障目标实现的政策措施。

法律以国家机器的强制力成为确保国家应对气候变化系列目标实现的最重要手段。中国关于应对气候变化的系列目标，既是促进国内低碳转型的必要条件，也体现了中国作为负责任大国积极应对全球气候变化的国家态度。其中，二氧化碳排放的下降目标，是当前国内管控碳排

表 4-1 "十二五"规划控制温室气体排放目标完成情况[1]

种　类	"十二五"规划目标 （2011—2015 年）	完成情况
单位国内生产总值二氧化碳排放下降	17%	21.5%
非化石能源占一次能源消费比重	11.4%	12%
森林蓄积量	143 亿立方米	151 亿立方米

表 4-2 中国应对气候变化的系列目标

五年目标	"十一五"规划目标（2006—2010 年）	单位国内生产总值能源消耗降低 20%
	"十二五"规划目标（2011—2015 年）	单位国内生产总值能源消耗降低 16%
		单位国内生产总值二氧化碳排放降低 17%
		森林覆盖率达到 21.66%
	"十三五"规划目标（2016—2020 年）	单位国内生产总值能源消耗降低 15%
		单位国内生产总值二氧化碳排放降低 18%
		非化石能源占一次能源消费比重达到 15%
		森林覆盖率达到 23.04%
应对气候变化规划目标	到 2020 年	单位国内生产总值二氧化碳排放比 2005 年下降 40%~45%
		非化石能源占一次能源消费比重达到 15% 左右
		森林面积和森林蓄积量分别比 2005 年增加 40 万平方千米和 13 亿立方米
国家自主贡献目标	到 2030 年	2030 年左右二氧化碳排放达到峰值，并将努力尽早达到峰值
		单位生产总值二氧化碳排放比 2005 年下降 60%~65%
		非化石能源占一次能源消费比重达到 20% 左右
		森林蓄积量比 2005 年增加 45 亿立方米

放的工作依据，也是开展应对气候变化立法的重要目的之一。鉴于二氧化碳不是污染物的科学事实，中国实施碳排放管控的终极目的并不是像大气污染物那样追求将其彻底消除，而是将碳浓度控制在一定范围内。

---

[1] 数据来源：《国民经济和社会发展"十三五"规划纲要》。

中国政府对二氧化碳排放管控权的权源来自作为国家机器的法定授权，对二氧化碳排放进行行政规制的行权依据是综合国内外各类因素提出的控制二氧化碳排放的系列目标。

二、中国碳强度下降目标的分解落实与考核制度

（一）中国碳强度下降目标的分解落实

中国从"十二五"开始，将"单位国内生产总值二氧化碳排放下降目标"作为约束性指标纳入国民经济和社会发展规划。从"十二五"中后期开始，中国政府对各省级人民政府进行碳强度下降目标的分解和责任考核。

国家层面按照行政区划向省级政府分解碳强度下降目标责任，目标分解的依据主要包括各地区经济发展水平、能源消费总量、经济结构、能源消费结构的优化潜力，以及国家五年规划对该地区的具体要求等因素。国务院印发的《"十二五"控制温室气体排放工作方案》和《"十三五"控制温室气体排放工作方案》分别将5年期的碳强度下降目标分解到了31个省（直辖市、自治区）；而省级政府从行政区划或行业两个层面，对下级政府或行业进行目标分解，并通过出台省级政府规章的形式，为碳强度下降目标分解落实与考核提供了行政依据。省级碳强度下降目标分解的依据除前述因素外，还包括了本地区的自然资源禀赋特征和碳排放特点。

（二）中国碳强度下降目标的政府考核

自 2013 年以来，国家发展改革委会同工业和信息化部、住房和城乡建设部、国家统计局、国家林业和草原局、国家能源局等部门人员和有关专家，每年对各省级人民政府年度单位国内生产总值二氧化碳排放下降目标责任进行考核。

经过 5 年积累，相关考核制度日趋成熟，主要步骤如下。

一是被考核地区进行自评，在对本地区碳排放数据统计和工作总结基础上，形成自评估核算报告和支撑材料。

二是外部专家对自评估核算报告进行初审。国家应对气候变化主管部门组织专业机构和专家团队，对各省提交的自评估核算报告进行集中审核，提出初步审核意见和打分结果。在初审过程中如发现内容不全、支撑材料不足的情况，可要求进一步补充材料。

三是国家组织对各省的现场考核评估，包括审核材料、集中评议、意见反馈 3 个环节。国家派出考核小组，通过座谈会、材料审核及实地调研的方式，了解地方碳强度下降目标完成情况和有关措施落实情况。考核小组通过现场集中评议，得出初步考核评估结论。

四是国家应对气候变化主管部门对各组考核情况进行汇总，形成全国考核评估核算报告上报国务院，并向社会公开[1]。

---

1 参见《中华人民共和国国家发展和改革委员会公告》（2017 年第 25 号），见国家发展和改革委员会官方网站，即 http://qhs.ndrc.gov.cn/zcfg/201801/t20180108_873195.html，最后访问日期 2018 年 3 月 12 日。

（三）中国碳强度下降目标的分解落实与考核过程中的行政规制权

碳排放的管控压力在国家行政体系内层层传导，促使政府通过行使行政管理权对辖区内碳排放进行管控，进而实现全国碳强度下降目标。2017 年，全国单位国内生产总值二氧化碳排放下降达到 5.1%[1]。碳强度下降目标的分解落实与考核制度成为当前国家管控碳排放的最直接手段，也印证了碳排放权的法律属性应属于行政规制权。

三、中国碳排放目标分解落实与考核制度的发展趋势

（一）以碳排放总量控制取代碳强度控制

无论是《巴黎协定》，还是其他国家的应对气候变化立法，均以"碳排放总量"为标尺考量控制碳排放的力度。但是，从前述中国碳强度下降目标责任考核结果来看，由于在很多地区的碳强度中，作为分母的国内生产总值增速较快，而不是作为分子的碳排放量下降而导致碳强度下降目标完成较好。因此，不能将碳强度作为衡量碳排放管控力度的参考性指标，而应以碳排放总量作为直接性指标，推进从"碳强度"到"碳排放总量"的过渡。以碳排放总量控制制度取代现行的碳强度控制制度，与《中国国家自主贡献文件》中提出的 2030 年温室气体排放峰值目标更加匹配。

---

[1] 数据来源：《中华人民共和国 2017 年国民经济和社会发展统计公报》，国家统计局 2018 年 2 月 28 日发布。网址为 http://www.stats.gov.cn/tjsj/zxfb/201802/t20180228_1585631.html，最后访问日期 2018 年 3 月 11 日。

（二）以碳排放总量控制取代能源总量控制

中国已经建立了能源总量控制制度，提出到 2020 年能源消费总量控制在 50 亿吨标准煤以内，以及煤炭消费总量控制在 42 亿吨左右的能源总量控制目标[1]。能源总量控制制度的初衷是限制其中的化石能源的排放，而没有必要限制可再生能源的排放。事实上，很多高耗能的重工业是国民经济的基石，如果单从能源总量的角度控制会限制这些行业的发展。如果使用可再生能源发展高耗能行业，用可再生能源满足高耗能需求，则能够同时满足行业发展和环境保护的双重需求。实施能源总量控制制度导致了青海省、新疆维吾尔自治区这些光伏大省（自治区）或者将本省清洁电力外送而自己仍使用化石能源，或者产生弃风、弃光问题。如果以问题导向，直击"碳约束"这个关键点，直接实施碳排放总量控制制度，就可以直接从制度层面对"高碳能源"进行控制，对可再生能源进行鼓励，提升能源结构优化程度的政策精准度，避免因控制能源消费总量而限制高耗能行业发展的问题。

（三）碳排放总量目标分解与考核的制度逻辑

中国政府发布的《生态文明体制改革总体方案》《"十三五"规划纲要》和《"十三五"控制温室气体排放工作方案》均提出要开展碳排放总量控制。在制度推行过程中，可以从区域入手，以低碳试点、碳排放权交易试点、优化开发地区为先行先试的突破口，探索建立地区碳排放总量控制与分解落实机制，为建立全国碳排放总量控制及分解落实机制积累经验。同时，中国应在碳强度下降目标的基础上，合理确定覆盖全国

---

[1] 引自《国务院关于印发"十三五"控制碳排放工作方案的通知》（国发〔2016〕61 号），2016 年 10 月 27 日。

各地区及主要部门与行业的碳排放总量控制目标,并将其作为约束性指标纳入生态文明建设目标体系和国民经济社会发展规划。

具体来说,中国应着重从以下 5 个方面入手,将全国碳排放总量控制目标分解落实到地方和部门,把责任和压力向下传导,也为各级政府开展碳排放目标责任考核提供依法行政依据:一是将全国碳排放总量控制目标向各省进行分解,并作为约束性指标纳入省级控制碳排放工作方案和年度工作计划,通过法律法规或政府规章确定省级应对气候变化主管部门的目标主体责任;二是将省级碳排放总量控制目标纳入下辖地、市、州的综合评价和绩效考核体系,省级应对气候变化主管部门有权监督下级政府的目标完成进度,并考核目标完成结果;三是结合工业、建筑、交通等重点行业单位产品(服务量)的碳排放标准及行业先进值,将全国碳排放总量控制目标分解到主要部门和重点行业;四是合理确定重大工程和重点建设项目的碳排放增量空间,强化重大工程和重点建设项目控制碳排放的法律义务,从源头遏制碳排放不合理增长;五是从时序性的角度出发,将全国的中长期碳排放总量控制目标科学分解到各年度,形成年度控制目标。

综上所述,以国际条约确定的全球温度上升空间、主权国家政府提出的温室气体排放控制目标为逻辑起点,无论是将碳排放控制目标在上下级政府或部门之间,还是在重点项目和重大工程之间进行分解、落实与考核,均是政府就碳排放行为行使行政规制权的过程。通过对国内现行的碳排放控制目标分解、落实与考核制度的梳理,能够印证碳排放权的行政规制权的法律属性。

第三节　中国碳排放核算报告制度

一、中国碳排放核算报告制度的发展现状

碳排放核算俗称"算碳",是开展碳排放总量控制、碳排放权交易、提高透明度等碳排放控制措施的数据支撑基础。在目前碳排放数据尚未正式纳入国家统计体系的情况下,数据基础薄弱已成为中国开展碳管控的主要瓶颈。碳排放核算报告的数据质量成为关乎整个碳排放控制体系有效性的关键,也是将无形的"碳排放权"进行量化进而表征其法律属性的关键。

中国已经初步建立了碳排放核算报告制度。国家发展改革委 2014 年印发了《关于组织开展重点企(事)业单位碳排放核算报告工作的通知》(发改气候〔2014〕63 号),建立了国家、地方、企业 3 级碳排放基础统计和核算工作体系,分 3 批制定了 24 个行业企业的碳排放核算方法与核算报告指南[1],实施重点企业直接报送碳排放数据制度,并在河南、

---

[1] 参见国家发展改革委办公厅于 2013 年 10 月印发的《首批 10 个行业企业碳排放核算方法与核算报告指南(试行)》(发改办气候〔2013〕2526 号);于 2014 年 12 月印发的《第二批 4 个行业企业碳排放核算方法与核算报告指南(试行)》(发改办气候〔2014〕2920 号);于 2015 年 7 月印发的《第三批 10 个行业企业碳排放核算方法与核算报告指南(试行)》(发改办气候〔2015〕1722 号)。

新疆、海南3个省份试运行了企业碳排放数据直报平台，目前正在研究起草《重点企（事）业单位碳排放核算报告管理暂行办法》。碳排放核算报告制度在实践中采用属地主义管理，企（事）业单位由法人注册地的省级应对气候变化主管部门负责管理，大型央企子公司由子公司注册所在地所属省份管理。

碳排放核算报告制度的主体大致分为管理者和被管理者两类。管理者包括国家各级应对气候变化主管部门、被授权参与核算报告管理的专业机构，以及行业协会、核查机构等社会化主体。某些机构除承担数据系统研发外，在某种程度上还承担了数据收集、数据质量管理、数据分析等管理职能。在被管理者方面，考虑到数据的可得性，在实践中主要以大型碳排放源——企（事）业单位为主，而对于分散排放源暂不涉及。碳排放核算报告制度所涉及的企（事）业单位以排放量作为承担义务的"门槛"。例如，"十二五"期间国家确定的核算报告企业门槛为"2010年碳排放达到13000吨二氧化碳当量，或2010年综合能源消费总量达到5000吨标准煤的法人企（事）业单位，或视同法人的独立核算单位"[1]。

---

[1] 参见《国家发展改革委关于组织开展重点企（事）业单位碳排放核算报告工作的通知》（发改气候〔2014〕63号），"核算报告主体的具体名单由各省、区、市应对气候变化主管部门确定并报国家发展改革委。为保证碳排放核算报告工作的连续性，在国民经济5年规划期间，原则上不对核算报告主体名单进行大的调整。在规划末期，国家发展改革委将组织各省、区、市主管部门对核算报告主体名单进行评估和调整。核算报告期间，如核算报告主体出现破产、兼并、关闭、改组改制，或者生产规模和碳排放发生较大变化等情况，或者根据实际情况确实需要增加核算报告主体，由各省、区、市应对气候变化主管部门自行调整后报国家发展改革委。"

二、中国碳排放核算报告制度的构建要素

作为一项对软硬件均要求较高的数据管理制度,碳排放核算报告制度可从前期、中期、后期3个阶段研究其构建要素。

(一)前期:构建基础

一是建设数据报送平台,具体包括系统开发、配套硬件、网络和安全设备的招标采购。现阶段,中国在河南、新疆、海南3个省份开展了企业碳排放数据直报平台的试运行。镇江等多个城市也建立了自己的碳排放数据报送平台。当前,中国正在开展平台资源整合,统一平台的数据表格、数据要求、数据报送流程和数据使用办法,研究碳平台和其他资源平台的对接及数据共享。最终,中国将建立一个全国性的碳排放数据管理平台,旨在提高社会公众对碳数据的可得性,确保碳排放核算方法与核算报告格式的规范性、可比性。

二是划定纳入管理企业标准,即从众多企业中遴选出重点排放大户进行管理,解决谁应该负有数据核算报告义务的问题。这个问题有两种解决思路。其一是名录制,即直接公布企(事)业单位名单。名录制的优点是简单易懂,被纳入企业的范围明确;缺点是缺乏动态性,难以及时反映企业排放量的变化。其二是标准制,即设定纳入管理企业的排放量"门槛"。标准制的优点是兼顾了动态和公平的要求;缺点是企业是否被纳入不够明确,尤其是对排放量处于"门槛"附近的企业,难以形成是否承担数据核算报告义务的长远预期。考虑到减少和取消行政审批的改革要求,目前中国采用排放量"门槛"来确定纳入管理企业的范围。

（二）中期：过程管理和数据管理

一是主管部门之间的协同联动关系。中国在碳排放核算报告制度设计过程中应充分考虑地方行政执法的可行性。国家与地方之间，以及各地方之间应建立统一的数据报送标准、顺畅的数据共享机制、整合的数据资源管理平台。

二是主管部门和企（事）业单位之间的管理与被管理关系。国家和省级管理机构通常没有足够的精力、人力对口具体的企业进行数据管理，通常委托第三方核查机构、碳审计公司或基层行政组织协助组织数据的核查报送。这属于针对企业碳排放行使或授权行使行政规制权的过程。

（三）后期：数据责任

数据责任是指企（事）业单位对碳排放核算报告数据不实应承担的法律责任，以及过错认定的问题。实际上，中国企业碳排放核算报告的基础能力普遍较弱，相关指南和管理办法并不健全。在认定企（事）业单位数据不实责任问题上，应同时考虑主管部门在承担能力建设、培训等工作过程中的行政作为情况，不能一概将数据不实的过错认定为企业核算报告数据造假。

三、中国碳排放核算报告制度的主体责任

按照上述碳排放核算报告制度的构建，碳排放核算报告制度主要包括 3 类主体的权利和义务（见表 4-3）。

表 4-3 碳排放核算报告制度主体的权利和义务

主 体	碳排放核算报告制度下的主要职责	权 利	义 务
国务院应对气候变化主管部门	制定全国重点企（事）业单位碳排放核算方法与核算报告指南	√	√
	制定全国纳入管理碳排放单位的管理办法	√	
	根据国家碳排放控制目标要求，确定并公布纳入碳排放核算报告范围的重点企（事）业单位排放量标准	√	
	建立、维护、整合、优化全国碳排放数据直报平台		√
	监督和指导省级政府应对气候变化主管部门开展碳排放核算报告管理，并提供必要支持		√
	本着事中强化、事后监管的要求，通过直接、委托授权、购买第三方服务等方式，对全国纳入管理重点碳排放企业的碳排放核算报告情况进行抽查	√	
	遵守数据管理和保密要求		√
省级人民政府应对气候变化主管部门	根据本地实际，在遵守国家相关要求的情况下，制定本地重点企（事）业单位碳排放核算报告细则	√	
	建立、维护、优化本地碳排放数据直报平台		√
	审核、管理本地重点企（事）业单位的碳排放情况，对碳排放核算报告数据进行管理和分析，做好排放因子测算和数据质量控制	√	
	通过直接、委托授权、购买第三方服务等方式，对本地重点企（事）业单位的碳排放核算报告内容进行评估和检查（或抽查），做出合格、限期整改、重新报送的行政决定	√	√
	向国家应对气候变化主管部门汇总上报本地重点企（事）业单位的碳排放情况		√
	遵守数据管理和保密要求		√
重点企（事）业单位	通过建立专职核算报告队伍，以购买服务等方式提高数据核查能力，在此过程中应获得相关主管部门的指导	√	√
	应按照上级主管部门的规定，如实核算、报告碳排放情况		√
	对涉及本企业商业秘密的数据要保密，对涉密行为应进行追责	√	
	按要求使用全国和区域数据直报平台，并提出优化建议	√	√

碳排放核算报告制度的 3 类主体在制度运行过程中均有权利，并应承担相应的义务。行政机关若不履行义务则构成行政不作为，行政相对人可据此对其申请行政复议，并进行行政诉讼；企（事）业单位作为行政相对人及其法人代表，不履行相关义务将会受到行政处罚，情节严重者应承担刑事责任。

四、中国碳排放核算报告制度的发展趋势

通过前述制度梳理可以看出，碳排放核算报告制度是一项基础数据管理制度，旨在解决碳排放量大小的问题。这也说明碳排放权在"量"的确认过程中，是政府机关就企业的碳排放行为行使行政规制权的过程。

中国碳排放核算报告制度在未来发展过程中有以下几个问题仍然需要探索。一是中国碳排放核算报告制度对纳入管理企业的"门槛"和碳排放权交易制度中需要承担的配额清缴义务的"门槛"如何协同。二是中国碳排放核算报告制度在各地方之间标准的协同，目前各地方的碳排放数据直接报送平台、资金支持渠道、数据标准不尽相同，同一企业如果采用不同地区的报送标准会得出差异较大的结果。三是中国碳排放核算报告制度与统计制度之间的协同。中国正在逐步将碳排放纳入国家统计体系，并采用报表制度进行数据收集、使用和管理。笔者在对《南昌市低碳发展促进条例》进行调研过程中了解到，在条例实施过程中只有国家统计的官方数据才可以作为对企业处罚的依据，执法机关很难根据清单数据、第三方机构的核查数据或者企业的核算报告数据对企业进行惩罚。在此情况下，企业自行进行的核算报告的数据价值几何？在与国家统计数据相冲突的情形下如何处理？这些均是下一步应该解决的问题。

第四节　中国碳排放权交易制度

一、碳排放权交易制度的设计

中国目前在碳排放权交易领域已经印发的规章和规范性文件包括《清洁发展机制管理暂行办法》《碳自愿减排交易管理暂行办法》《碳排放权交易管理暂行办法》，明确了碳排放权交易市场建设的重点任务（见表4-4）、碳排放权交易市场主要主体的权利和义务（见表4-5）、碳排放权交易市场各要素的主要内容（见表4-6）。基于现有的碳排放权交易制度构建基础，中国正在构建"1+N"的全国碳排放权交易体系（1个国务院发布的《碳排放权交易管理条例》+《企业碳排放核算报告管理办法》《碳交易第三方核查机构管理办法》《碳排放权交易管理办法》等多个部委配套规章，名称待定）。同时，中国还在开展碳排放权交易的监督管理办法、核算指南、核算标准等方面的建章立制。

表4-4　碳排放权交易市场建设的重点任务

主要工作	涉及内容
制度建设	碳排放监测、核算报告与核查制度；重点排放单位碳排放配额管理制度；碳排放权交易市场相关制度
支撑系统	重点排放单位碳排放数据报送系统、碳排放权注册登记系统、碳排放权交易系统、碳排放权交易结算系统
能力建设	省（自治区、直辖市）主管部门、第三方核查机构、企业

表 4-5　碳排放权交易市场主体的权利和义务

主　体	权利和义务
国家主管部门	确定纳入交易的碳种类、行业范围和重点排放单位的确定标准；制定国家碳排放配额分配方案，明确各省（自治区、直辖市）碳排放配额总量；确定全国统一的免费碳排放配额分配方法；负责国家碳排放权交易注册登记系统的管理；确定、监督、管理碳排放权交易机构；对符合条件的机构授予碳排放核查机构资质
省级主管部门	制定更严格的标准；提出、审定、公布重点排放单位名单；提出本地各重点排放单位的免费碳排放配额数量，经报批后进行分配；每年对区域内所有重点排放单位上年度的排放量予以确认；将本区域内重点排放单位上年度碳排放量和碳排放配额清缴情况上报国家主管部门
重点排放单位	制定碳排放监测计划并报备；每年编制上年度碳排放核算报告，并与核查核算报告一起提交到省级主管部门；每年向省级主管部门提交不少于其上年度经确认碳排放量的碳排放配额
核查机构	按照国务院主管部门要求开展碳排放核查工作，并按要求出具核查核算报告；核查费用由同级财政予以安排
其他机构/个人	可参与交易

表 4-6　碳排放权交易市场各要素的主要内容

重点事项	涉及内容
交易产品	碳排放配额、国家核证自愿减排量、碳期货等其他交易产品
信息公开	交易机构公布每天的重要交易信息；国家主管部门公布纳入交易碳种类、纳入行业、重点排放单位纳入标准、纳入重点排放单位名单、碳排放配额分配方法、各年度重点排放单位的碳排放量和碳排放配额清缴情况、具备资质的核查机构名单、交易机构名单

综合表 4-4～表 4-6 可以看出，碳排放权交易作为一项减缓气候变化的政策手段，主要从行政管理体系内、外两个方面进行了制度设计。在行政管理体系内，规定了行政机关和行政相对人，即"国务院应对气候变化主管部门、省级人民政府、重点碳排放单位"在碳排放权交易过程中的主要职责；在行政管理体系外，设定了关于碳排放配额的第三方核查制度。

从碳排放权的经济实质来看，政府在整个碳排放权交易过程中扮演的角色主要是政策制定和监管。政府本身并没有向企业直接转移经济资源，只是创造了市场化的方式引导企业交易其减排成果并使企业从中获利。从政府的角度来看，政府通过市场化手段实现控制碳排放的行政管理目的；从企业的角度来看，由于中国碳排放权交易市场目前主要采用"基准线法"确定碳排放配额的分配，行业内减排水平高的企业可以通过拍卖碳排放配额获得资金补助，而减排水平低的企业需要通过购买碳排放配额受到经济上的惩罚。因此，碳排放权交易市场的本质是一种政府针对企业碳排放行为实施的奖惩机制。

二、碳排放权交易市场的法律风险消解

（一）立法先行，推进应对气候变化法制建设进程

治病于未患，防患于未然。针对碳排放权交易市场潜在的风险，中国应加快推进应对气候变化立法进程，构建以国家法律为纲领、以碳排放条例和部门规章为主干、以配套规范性文件和地方法规为支撑的碳排放权交易法律体系。

通过立法，对碳排放目标分解落实与考核制度、碳排放核算报告制度、碳排放权交易制度等核心控制温室气体排放制度做出规定；通过立法，打通制度之间的联系，根据国家碳排放总量控制目标，确定国家及各省（自治区、直辖市）的碳排放配额总量和分配方法，在国家、省（自治区、直辖市）、重点碳排放单位 3 级主体之间建立碳排放配额分配、管理、交易和清缴机制；通过立法，明确市场中各类主体的权利和义务，积极探索利用市场化手段，以较低成本完成碳排放控制目标，为参与碳

排放权交易的市场主体形成有效的法律保护，使公众对于全国碳排放权交易市场形成稳定预期，消解全国碳排放权交易市场建设风险。

（二）回归初心，将碳排放权交易市场定位为一种奖惩机制

财政部 2016 年主持起草的《碳排放权交易试点有关会计处理暂行规定（征求意见稿）》阐明了碳排放权交易的目的是，政府对企业控制温室气体排放行为实施的一种奖惩机制，明确要求"重点排放企业从政府无偿分配取得的配额，不进行账务处理"。正如《碳排放权交易试点有关会计处理暂行规定》的《起草说明》中指出的，"企业因节能减排导致配额结余而用于出售，其经济实质是政府通过市场机制对企业节能减排支出的一种补偿。企业真正获得补偿的时点是实现减排成效并转让配额时，而不是无偿取得配额时，也不是使用配额抵消实际排放量后有剩余时。因此，如果将免费发放的配额同时确认为资产和负债会导致企业虚增资产和负债。"

从国际层面看，碳税和碳排放权交易往往被视为政府控制碳排放的一对姊妹制度。加拿大、澳大利亚、瑞士、瑞典等国家直接就碳排放开征碳税，将税收用于鼓励节能减排；而新西兰、美国加利福尼亚州、欧盟、韩国等国家和地区采取碳排放权交易的办法，导致超过碳排放配额的企业需要支付成本去购买配额，相当于受到了惩罚，而控制温室气体排放能力较好的企业有多余的碳排放配额可以进行出售，相当于得到了奖励。可见，作为减排手段的碳税和碳排放权交易的本质是一样的，都是奖优罚劣的政策工具。

中国碳排放权交易市场采取了历史法与基准线法相结合、以基准线法为主的方式确定企业的碳排放配额。基准线法主要以行业内控制温室气体排放水平较高的企业作为标杆，结合地方排放因子、行业特点等因

素设定碳排放配额。这将导致行业内控制温室气体排放水平低的企业碳排放配额不足，需要向控制温室气体排放水平高的企业购买碳排放配额，实质上是通过碳排放配额交易的方式，政府对控制温室气体排放水平高的企业进行奖励，对控制温室气体排放水平低的企业进行惩罚。政府初始免费发放的碳排放配额并非对所有碳排放的一种补助，并没有导致社会财富的增加，也不能作为资产入账。

（三）明确属性，从行政规制的视角阐释碳排放权

典型的准物权包括矿业权、取水权、渔业权，采矿、取水、捕鱼的行为会带来个体或社会财富的增加；典型的资源环境容量占用权是排污权，排放污染物的行为会导致人身或社会公益的减损。而与之对比的碳排放行为，由于二氧化碳不是污染物，碳排放不仅来自工业生产过程中化石燃料的使用，同时也是自然界生命机体的有机构成要素和正常代谢产物，正常浓度的碳排放行为不会造成财产性的增损。

若将研究视线拉长到整个地球的生命周期，碳排放行为本身并不承载任何价值判断，因此应避免将碳排放权交易市场中的碳排放配额进行物化或资源化。当前，全球开展的减缓气候变化行动，是工业革命后至21世纪下半叶期间针对全球大气中温室气体含量过高导致气候变暖问题，主权国家政府对外缔结国际条约、对内使用公权对碳排放行为进行的规制。从行政规制的视角阐释碳排放权的法律属性，有利于跳出"市场交易"带来的视野樊篱，从理论层面厘清碳排放权交易的本质，从源头化解风险。

三、交易制度下的碳排放权

(一) 宜将《应对气候变化法》归属于行政法

全国人民代表大会常务委员会 2009 年在《关于积极应对气候变化的决议》中明确要求，要把加强应对气候变化的相关立法作为形成和完善中国特色社会主义法律体系的一项重要任务，纳入立法工作议程。随着"环境法回家""环境法回哪个家"的学术讨论，《应对气候变化法》在立法伊始也面临着在中国特色社会主义法律体系中的归属问题。

中国目前虽然在应对气候变化的法律、条例方面尚处于空白，但地方层面已经有所突破。青海省和山西省通过省政府规章的形式分别出台了省级《应对气候变化办法》，石家庄市和南昌市通过地方性法规的形式分别出台了市级《低碳发展促进条例》，碳排放权交易试点地区也分别出台了相关的地方性法规或地方政府规章。这些地方性立法成果中的法律主体、制度安排和奖惩机制，均符合行政法的特征。因此，笔者建议国家层面开展的应对气候变化立法也应该列入行政性立法。《应对气候变化法》的立法目的是，规定行政机关对碳排放行为进行管理过程中主体责任划分、管理手段、管理程序、奖惩机制等方面的内容，应将《应对气候变化法》归属于行政法。

(二) 宜在减缓气候变化制度体系下把握碳排放权交易

根据目前应对气候变化立法中关于减缓气候变化的制度设计，除前文所述实践经验较为成熟的目标分解落实与考核制度、碳排放核算报告制度、碳排放权交易制度外，还包括信息公开制度、统计制度、低碳标准化制度、信用管理制度等正在研究中的控制温室气体排放制度，以及一些国际经验证明对控制碳排放较为行之有效的制度，如碳税制度、碳排放评价制度、碳排放许可证制度等。碳排放权交易制度是整个控制温室气体排放制度体系中的可选项之一。因此，探究碳排放权的法律属性问题，不能仅限于与实际生活较为贴近的碳排放权交易市场，而应该放在国内外应对气候变化制度体系中进行整体考量。

（三）宜在宏观视域下讨论碳排放权

笔者建议，应将碳排放权视为一种行政规制权，以"实坐标、宽镜头、长视角"看待碳排放权的法律属性：针对应对气候变化这种新型社会关系，应更加珍视已有一定实践经验积累的控制温室气体排放制度，将碳排放权放入现行制度进行检视；针对过度局限于碳排放权交易来研究碳排放权法律属性的倾向，应该更加看重国家对碳排放的治理效果和可行的控制温室气体排放手段，将碳排放权放在应对气候变化治理制度的宏观视域进行检视。另外，针对将碳排放管控误视为污染物治理的研究观点，应从整个地球生命周期入手，客观看待碳的过量排放给自然环境带来的阶段性不利影响，到《巴黎协定》提出的全球碳中和目标实现的 21 世纪下半叶[1]，政府对碳排放的规制也将没有必要，碳排放权作为一种行政规制权也将消亡。

---

1 参见《巴黎协定》第 4 条，"为了实现第 2 条规定的长期气温目标，缔约方旨在尽快达到温室气体排放的全球峰值，同时认识到达到峰值对发展中国家缔约方来说需要更长的时间。此后，利用现有的最佳科学技术迅速减排，以实现可持续发展、消除贫困；在公平的基础上，在 21 世纪下半叶实现温室气体源的人为排放与汇的清除之间的平衡。"

第五章

中国适应气候变化的法律制度

《IPCC 评估报告第二工作组报告》《IPCC 全球升温 1.5 摄氏度特别报告》，以及中国已发布了 3 次的《气候变化国家评估报告》均以大量科学研究结果证明了气候变化影响的严峻性和适应气候变化的必要性，可以作为中国需要加强适应气候变化领域法制建设的科学依据。《巴黎协定》第 2 条明确提出，"提高适应气候变化不利影响的能力，并以不威胁粮食生产的方式增强气候抗御力和温室气体低排放发展"，设定了应努力提升适应气候变化能力的缔约方责任。《中国气候变化第三次国家信息通报》表明，近百年来中国的气候变暖趋势与全球的气候变暖总趋势基本一致，已经产生了显著的影响，而且未来将继续对中国的自然和经济社会系统产生重要影响。构建国内适应气候变化的法制保障，是应对气候变化立法的重要立法任务之一。

第一节　中国适应气候变化的政策基础

面对持续蔓延的应对气候变化等非传统安全威胁，中国坚持"减缓与适应并重"的原则，全面布局适应气候变化政策，主动开展适应气候变化行动，努力提高适应气候变化能力。

一、综合性政策

中国最早于 2004 年提交了《初始国家信息通报》，第一次提出适应技术需求清单。中国 2007 年发布的《应对气候变化国家方案》明确提出了"减缓与适应并重"的原则，并指出，"中国是一个生态环境比较脆弱的国家，气候变化已经对中国的农牧业、森林和其他生态系统，以及水资源、海岸带、人类健康、大中型工程项目建设和旅游产生了一定的影响，中国必须增强适应气候变化能力。"

中国将适应气候变化作为重要内容纳入国家规划体系。在《"十二五"规划纲要》中，中国提出要制定适应气候变化总体战略，加强气候变化科学研究，增强气候变化观测和影响评估。在生产力布局、基础设施、重大项目规划设计和建设中，中国应充分考虑气候变化因素；加强适应气候变化特别是应对极端气候事件能力建设，加快适应技术研发推广，提高农业、林业、水资源等重点领域，以及沿海、生态脆弱地区适应气候变化水平；加强对极端天气和气候事件的监测、预警和预防，提高防御和减轻自然灾害的能力。在《"十三五"规划纲要》中，中国提出将进一步主动适应气候变化，在城乡规划、基础设施建设、生产力布局等经济、社会活动中充分考虑气候变化因素；适时制定和调整相关技术规范标准，实施适应气候变化行动计划；加强气候变化系统观测和科学研究，健全预测预警体系，提高应对极端天气和气候事件的能力。

中国将适应气候变化作为重要内容纳入《国家应对气候变化规划（2014—2020年）》，规定了主要领域提高适应气候变化能力的政策措施和行动目标。根据"十二五"和"十三五"期间科技领域应对气候变化专项规划，中国将重点发展极端天气和气候事件预测预警、植物抗旱耐高温品种选育与病虫害防治等10项关键适应技术，围绕气候变化影响的重点领域、重点区域、脆弱人群与优先适应事项，强化建材、交通运输、农牧业、渔业和水资源等领域适应气候变化关键技术研发与应用示范。

2013年11月，中国颁布的《国家适应气候变化战略》，分《面临形势》《总体要求》《重点任务》《区域格局》《保障措施》5个章节对适应气候变化工作进行了全面规制，是中国目前为止在适应气候变化领域最全面的纲领性文件，总体部署了到 2020 年中国适应气候变化的目标与行动（见专栏 1）。

专栏 1　《国家适应气候变化战略》

1. 国家 2020 年适应气候变化总体目标

适应气候变化体制机制逐步健全，信息化水平和政府公共管理能力稳步提升。鼓励推广适应技术，保障适应行动资金，提高公众适应意识。加强气候变化观测预测和影响评估，完善灾害监测预警和应急系统。主要气候敏感脆弱领域、区域和人群的脆弱性明显降低，预防与规避极端气候事件的能力显著提高。

2. 重点行业适应目标

农业适应气候变化相关的指标任务得到实现。到 2020 年，农田灌溉用水有效利用系数提高到 0.55 以上，作物水分利用效率提高到 1.1 千克/立方米以上，农作物重大病虫害统防统治率达到 50% 以上，农村劳动力实用适应技术培训普及率达到 70%。

水资源合理配置与高效利用体系基本建成。实施最严格的水资源管理制度，健全防汛抗旱体系和应急机制，加强洪水风险管理，优化水资源配置格局。"十二五"期间新增水土流失治理面积达 2.5 万平方千米。

陆地生态系统得到有效保护。到 2020 年，森林覆盖率达 23%，森林蓄积量达到 150 亿立方米以上，森林火灾受害率控制在 1‰ 以下，林业有害生物成灾率控制在 4‰ 以下，"三化"草原治理率达到

55.6%，自然湿地有效保护率达到60%以上，沙化土地治理面积达到可治理面积的50%以上，95%以上的国家重点保护野生动物和90%以上的极小野生植物种类得到有效保护。

海岸带及沿海地区的生态得到治理和修复。合理规划涉海开发活动，开展海洋灾害风险评估。加强沿海地区生态修复和植被保护。加强海洋灾害监测预警，强化应急响应服务能力。

3. 重点区域适应行动

城市化地区在推进城镇化进程中充分考虑气候变化因素，东部、中部、西部城市化地区分别将优化配置城市群资源环境、加强城市生命线系统建设、构建灾害综合监测预警系统作为重点，提升城市基础设施适应能力。

东北平原、黄淮海平原、长江流域、汾渭平原、河套地区等作为国家农业发展重点地区，重点保障农产品安全供给和人民安居乐业。统筹协调种植结构和品种布局，加强区域水资源管理，强化动物疫病防控，提高农村防灾减灾能力。

东北森林带、北方防沙带、黄土高原—川滇生态屏障区、南方丘陵山区、青藏高原生态屏障区等典型生态区域，将保障国家生态安全及促进人与自然和谐相处作为重点，加强森林抚育经营，制止滥垦滥伐，加强水土流失治理，强化灾害监测预警。

二、区域性政策

为了推进城市适应气候变化行动，中国于2016年印发了《城市适应气候变化行动方案》，并于2017年由国家发展改革委、住房和城乡建设部联合在内蒙古自治区呼和浩特市等 28 个地区开展气候适应型城市建设试点，积累城市适应气候变化的经验，全面提升城市适应气候变化能力（见专栏 2）。

专栏 2　中国城市适应气候变化政策与行动

1. 发布《城市适应气候变化行动方案》

为了有效提升城市适应气候变化能力，2016 年 2 月国家发展改革委、住房和城乡建设部联合印发了《城市适应气候变化行动方案》，力争到 2020 年，普遍实现将适应气候变化相关指标纳入城乡规划体系、建设标准和产业发展规划，建设 30 个适应气候变化试点城市，绿色建筑推广比例达到 50%；到 2030 年，适应气候变化科学知识广泛普及，城市应对内涝、干旱缺水、高温热浪、强风、冰冻灾害等问题的能力明显增强，城市适应气候变化能力全面提升。

2. 组织气候适应型城市建设试点

2017 年 2 月，国家发展改革委、住房和城乡建设部综合考虑气候类型、地域特征、发展阶段和工作基础等因素，在 28 个地区开展了气候适应型城市建设试点，要求各试点强化城市适应理念、提高监测预警能力、开展重点适应行动、创建政策试验基地、打造国际合作平台，针对城市适应气候变化面临的突出问题，积极探索符合各地实际的城市适应气候变化建设管理模式。另外，还提出到 2020 年打造一批具有国际先进水平的典型示范城市，为中国全面推进城市适应气候变化工作提供经验。

> **3. 开展城市适应气候变化行动**
>
> 各试点地区根据国家要求,编写《气候适应型城市建设试点实施方案》,组织当前和未来气候变化影响评估,开展关键部门和领域气候变化风险分析,健全气象灾害监测预警防御系统。

以上国家层面出台的适应气候变化的政策文件均属于导向性文件。虽然这些文件规定了国家对于适应气候变化的总体思路和行动目标,但是缺乏有约束、可量化、可考核的指标和法律强制力来保障执行。

第二节 中国重点领域适应气候变化的立法进展

由于中国尚未出台专门的应对气候变化法,因此中国目前适应气候变化工作主要依靠农业、森林、水资源、海洋、野生动物保护等专项法律法规来规制。

一、农业领域

(一)农业领域的相关政策法规情况

中国于 1993 年颁布了《农业法》,并分别于 2002 年修订、2009 年第 1 次修正、2012 年第 2 次修正;《农业保险条例》于 2012 年制定,于 2016 年进行了修订;《渔业法》于 1986 年颁布,于 2013 年进行了第 4 次修正。

《农业法》第 8 章为《农业资源与农业环境保护》,内容如下。一是保护农业资源。合理开发和利用水能、沼气能、太阳能、风能等可再生能源和清洁能源，发展生态农业，保护和改善生态环境；建立农业资源监测制度。二是防沙固土。各级人民政府应当采取措施，预防土地沙化，治理沙化土地。三是护林护草。实施全民义务植树制度，各级人民政府应当采取措施，组织群众植树造林，保护林地和林木，预防森林火灾，防治森林病虫害，制止滥伐、盗伐林木，提高森林覆盖率；国家在天然林保护区域实施禁伐或限伐制度，加强造林护林，禁止毁林毁草开垦、烧山开垦及开垦国家禁止开垦的陡坡地，已经开垦的应当逐步退耕还林、还草。四是保护农业生产环境。农产品采收后的秸秆及其他剩余物质应当综合利用、妥善处理，防止造成环境污染和生态破坏；县级以上人民政府应当采取措施，督促有关单位进行治理，防治废水、废气和固体废弃物对农业生态环境的污染；排放废水、废气和固体废弃物造成农业生态环境污染事故的，由环境保护行政主管部门或者农业行政主管部门依法调查处理。

在政策措施层面，为减缓气候变化，中国积极发展低碳农业，将化肥施用情况纳入国家对省级政府碳强度下降目标责任考核指标，开展耕地质量保护与提升行动，推进水肥一体化设施，实施保护性耕作技术；积极发展节水农业，加强农田水利建设，建设高标准节水农业示范区。农田有效灌溉面积由2005年的5.5万平方千米提高到2015年的6.58万平方千米，农业灌溉水有效利用系数由2005年的0.45提高到2015年的0.532，农田灌溉水用量占总用水比重由2002年的61.4%下降到2013年的55%。推广培育抗逆品种，支持农民秸秆还田、种植绿肥、培肥地力，作物良种覆盖率超过96%；发布了《科学应对厄尔尼诺防灾减灾保丰收预案》，积极防范地区旱涝不均、病虫害突发、极端天气和气候事件等厄尔尼诺对气候产生的影响。

(二)农业领域立法的经验和启示

从上文可以看出,《农业法》作为农业领域的基本大法,规制的对象涉及农业、草原、林业、渔业、水土保持等领域,范围相当宽泛,但当前农业领域立法主要从农业资源利用、农业环境保护两个方面入手进行了立法规制,并没有从气候变化的角度考虑到农业同时作为温室气体的源和汇开展立法。因此,农业同时作为碳排放的源和汇,农业领域的当前立法在降低农业领域温室气体排放、增加农业领域碳汇能力、提高农业领域适应气候变化能力等方面存在立法空白。

二、草原领域

(一)草原领域的相关政策法规情况

中国于 1985 年颁布《草原法》,于 2002 年修订,于 2009 年第 1 次修正,于 2013 年第 2 次修正,共 9 章 75 条,分别为《总则》《草原权属》《规划》《建设》《利用》《保护》《监督检查》《法律责任》《附则》。《草原法》主要建立了草原权属制度、草原资源保护制度、草原规划制度、草原承包制度、退耕还草制度、等级评定与草原统计制度。从《草原法》的立法目的可以看出,草原领域从资源利用到资源保护转化的轨迹。

在下位立法层面,为了配合《草原法》的实施,国务院和农业农村部陆续出台了一系列关于草原保护的行政法规和部门规章,包括《草原防火条例》(1993 年颁布,2008 年修订),以及《草原征占用审核审批管理办法》(2006 年 1 月)、《推进草原承包工作方案》(2011 年 6 月)、《草畜平衡管理办法》(2005 年 1 月)、《草原监理人员行为准则》(2005 年 12 月)这 4 部主要的部门规章。

在政策行动层面，草原领域顶层设计强化适应气候变化因素。根据《"十三五"草原保护建设利用规划》和《耕地草原河湖休养生息规划（2016—2030年）》，中国制定了实施草原生态保护补助奖励政策，转变了草原畜牧业生产方式，鼓励退牧还草，投入草原生态保护资金775.46亿元，每年支持人工种草0.8万平方千米，2013年中国草原综合植被覆盖度达到54.2%。

（二）草原领域立法的经验和启示

《草原法》（2013年修正）建立了草原所有权属的确权、转移和救济制度，第8条规定"国务院草原行政主管部门主管全国草原监督管理工作……"；在草原权属确权方面，《草原法》第10条规定，"国家所有的草原，可以依法确定给全民所有制单位、集体经济组织等使用。使用草原的单位，应当履行保护、建设和合理利用草原的义务。"《草原法》第11条规定，"依法确定给全民所有制单位、集体经济组织等使用的国家所有的草原，由县级以上人民政府登记、核发使用权证、确认草原使用权。未确定使用权的国家所有的草原，由县级以上人民政府登记造册，并负责保护管理。集体所有的草原，由县级人民政府登记、核发所有权证、确认草原所有权。依法改变草原权属的，应当办理草原权属变更登记手续。"《草原法》第12条规定，"依法登记的草原所有权和使用权受法律保护，任何单位或者个人不得侵犯。"

《草原法》还建立了草原调查制度、草原统计制度、草原生产生态监测预警制度、基本草原保护制度。其中，关于草原权属的管理、规划和权属登记的制度设计可以被应对气候变化监督管理部分的相关立法所借鉴；关于草原生产、生态监测预警系统的规定可以被适应气候变化部分的相关立法所借鉴。在草原管理领域，关于自然资源权属分配后的确权，国家可以依法通过登记的方式进行管理。这种管理方式不属于行政审批，是赋予社会主体自然资源使用权的政府管理行为。权属登记是为了保护草原的所有权和使用权，符合物权法定的立法要求。《草原法》关于草原权属登记的法理和制度程序，可以被碳排放配额注册登记系统设计所借鉴。

三、水资源领域

（一）水资源领域的相关政策与行动

中国在发展水利和建设节水型社会的相关规划中明确了节水型社会的总体建设思路、区域布局、重点任务和重点领域，开展了100个国家级节水型社会建设试点，城市污水处理率从2010年的82.3%提高到2015年的90.2%。根据政策要求，中国在全国江河湖泊全面建立河长制，建立省、市、县、乡4级河长体系，统筹水资源保护、河湖水域岸线管理、水污染防治、水环境治理、水生态修复和执法监督。

在行动措施方面，中国积极开展了水资源综合治理，实施农业节水增产、工业节水增效、城镇节水降耗等10项节水行动。中国优化水资源配置格局，实施南水北调工程，2016年南水北调中线向北京市、天津市、河北省、河南省4个省（直辖市）调水超过30亿立方米；提高城乡供水保障能力，推进饮用水卫生监督监测，农村饮水安全问题基本解决；健全江河综合防洪减灾体系，加强江河湖泊治理、水库除险加固和山洪地质灾害防御，强化水土保持与生态建设，建设一批重大水利工程，对156条主要支流和4500多条中小河流重要河段实施治理，基本建成2058个县级山洪灾害监测预警系统和群测群防体系。

（二）水资源领域的立法情况及启示

中国在水资源管理领域的法制较为健全。2010 年，中国修订了《水土保持法》，2016 年 7 月最新修订了《水法》，2017 年 6 月修正了《水污染防治法》。国务院于 1993 年发布了《水土保持法实施条例》，2006 年公布了《取水许可和水资源费征收管理条例》，2012 年发布了《关于实行最严格水资源管理制度的意见》，2016 年通过了《农田水利条例》，建立了较为完整的水资源利用和保护法制体系。

在水资源管理方面，《水法》（2016 年修订）第 2 章专门规定了水资源规划制度，详细地规定了水资源规划的分类、编制责任主体、制定依据和程序、批准备案要求及执行要求，可以被应对气候变化立法设立规划制度所借鉴。

在水资源的使用和保护方面，《水法》主要采用了强制性的资源使用许可、审批、备案、监测、总量控制等治理方式，重点条文部分均是很"硬"的条款。

《水法》第 47 条规定了"用水总量控制和定额管理制度"：省、自治区、直辖市人民政府有关行业主管部门应当制定本行政区域内的行业用水定额，在报同级水行政主管部门和质量监督检验行政主管部门审核同意后，由省、自治区、直辖市人民政府公布，并报国务院水行政主管部门和国务院质量监督检验行政主管部门备案；县级以上地方人民政府发展计划主管部门会同同级水行政主管部门，根据用水定额、经济技术条件、水量分配方案确定可供本行政区域使用的水量，确定年度用水计划，对本行政区域内的年度用水实施总量控制。

《水法》第 48 条规定了"取水许可证制度"：直接从江河湖泊或者地下取用水资源的单位和个人，应当按照国家取水许可证制度和水资源有偿使用制度的规定，向水行政主管部门或者流域管理机构申请领取取水许可证，并缴纳水资源费以取得取水权；但是，家庭生活和零星散养、圈养畜禽饮用等少量取水的除外；实施取水许可证制度和征收管理水资源费的具体办法，由国务院规定。

《水法》第 32 条规定了"水域排污总量控制制度"：县级以上地方人民政府水行政主管部门或者流域管理机构应当按照水功能区对水质的要求和水体的自然净化能力，核定该水域的纳污能力，向环境保护行政主管部门提出该水域的限制排污总量意见；县级以上地方人民政府水行政主管部门和流域管理机构应当对水功能区的水质状况进行监测，发现重点污染物排放总量超过控制指标的，或者水功能区的水质未达到水域使用功能对水质要求的，应当及时报告有关人民政府采取治理措施，并向环境保护行政主管部门通报。

中国在水资源保护领域采用了严格的行政立法手段，可以被开展应对气候变化立法所借鉴。但是，纵观水资源和水土保持领域的立法成果，发现其均未涉及提升水资源适应气候变化能力的问题，对于加强气候灾害的预测预警等问题也没有涉及。

四、陆地生态系统

（一）陆地生态系统的政策进展

根据《林业发展"十二五"规划》《林业应对气候变化"十二五"行动要点》和《林业适应气候变化行动方案（2016—2020 年）》，中国提出了林业和自然生态系统适应气候变化的行动目标。在政策行动方面，中国加强了自然保护区建设和生物多样性保护，大力培育适应气候变化的良种壮苗;推进适应气候变化的森林培育经营模式,增加耐火、耐旱(湿)、抗病虫、抗极温等树种造林比例;强化森林灾害防控,完善森林火灾、有害生物灾害及沙尘暴监测体系,加强沙区物种保护、荒漠化动态监测和土地植被恢复。

(二)中国森林领域法制体系

中国《森林法》的立法模式经历了从资源利用到资源保护模式的转变。1979年中国最早发布的《森林法》更多考虑的是如何更好地利用自然资源以服务于国家建设和人民生活需要。随着人们对森林防风固沙、蓄水保土、调节气候作用认识的提升,法律对于森林的关注重点首先放在了环境作用上,其次才是森林作为木材载体的经济作用。1984年中国发布的《森林法》明确将森林的环境功能放在了首位;1998年的《森林法》在内容上特别强调了森林的生态效益;2009年修正的《森林法》,并无实质内容改动,森林的生态效益和环境功能仍然是着重强调的内容。在《森林法》之下,是国务院颁布的《退耕还林条例》(2002年)、《森林病虫害防治条例》(1989年)、《森林防火条例》(2009年)、《森林法实施条例》(2016年修订)。中国森林领域的部门规章主要有国家林业局颁布的4部,即《关于加强林木采伐许可证核发管理工作的通知》(2000年)、《林业行政许可听证办法》(2008年)、《关于进一步加强木材运输管理工作的通知》(2009年)、《国家级森林公园管理办法》(2011年)。

《森林法》在内容上包括《总则》《森林经营管理》《森林保护》《植树造林》《森林采伐》《法律责任》《附则》7个部分,确定了森林权属登记和森林档案制度、森林规划制度、采伐许可证制度、森林资源恢复制度、出口限制制度。其中,森林权属登记和森林档案制度可以被应对气候变化立法所借鉴。对于温室气体排放管理,如果采取行政审批或许可证制度较难获得立法审查的话，则可以采取权属登记和档案管理的形式进行管理，以弱化行政审批的特点，这样或许可以加快立法进程。

《森林法》主要围绕森林兼具经济资源、生态资源两种属性的特征开展立法。但是，森林立法领域没有涉及"碳汇"问题，忽视了森林减缓气候变化的功能。另外，森林立法领域对于加强气候变化影响的监测评估、提升林业适应气候变化能力方面缺乏关注。这为《应对气候变化法》留下了立法空间。

五、海岸带和相关领域

中国目前虽然尚未制定《海洋法》，但于1982年制定并于2016年11月第3次修订了《海洋环境保护法》，山东省、浙江省、福建省、天津市等省、直辖市出台了省级海洋环境保护条例，加大了对海洋环境污染的处罚力度。另外，《海域使用管理法》《港口法》《海洋观测预报管理条例》《防治船舶污染海洋环境管理条例》《防治海岸工程建设项目污染损害海洋环境管理条例》《防治陆源污染物污染损害海洋环境管理条例》《海洋石油勘探开发环境保护管理条例》《防止拆船污染环境管理条例》《海洋观测预报及防灾减灾标准体系》《全国海洋观测网规划（2014—2020年）》等条例和重大政策文件，确定了国内海洋资源管理和环境保护的法律制度体系。

《海洋环境保护法》（2016年修订）分为《总则》《海洋环境监督管理》《海洋生态保护》《防治陆源污染物对海洋环境的污染损害》《防治海岸工程建设项目对海洋环境的污染损害》《防治海洋工程建设项目对海洋环境的污染损害》《防治倾倒废弃物对海洋环境的污染损害》《防治船舶及有关作业活动对海洋环境的污染损害》《法律责任》《附则》，共

10章。《海洋环境保护法》主要是围绕海洋污染物的预防和治理展开的，提出了"建立海洋自然保护区，对于已遭到破坏的海洋生态进行整治和恢复，建设海岸防护设施，对海岸侵蚀地区进行综合治理"等措施。这些措施对于提高海洋适应气候变化能力具有积极意义。但是，适应气候变化的工作重点在于提前预防和预警，一旦等到涉海气候灾害发生后再修复，治理成本将成倍扩大。《海洋环境保护法》的局限性在于重"防治"、轻"预防"，治理方式以末端治理为主，但对于开展海岸带地区及海岛的气候变化影响评估、加强海洋灾害监测预警等前端预防和治理的内容几乎没有涉及。因此，中国应该通过应对气候变化立法，对加强海洋气候风险预测预警和气候变化影响评估进行规制，通过立法建立关于海洋环境保护全过程的法律制度体系。

六、防灾减灾领域

中国在防灾减灾领域的法律主要有《气象法》（1999年）、《防震减灾法》（2008年修订）、《突发事件应对法》（2007年），相关条例包括《气象灾害防御条例》（2010年）、《人工影响天气管理条例》，部门规章包括《气象探测环境和设施保护办法》（2004年）、《气象灾害预警信号发布与传播办法》（2007年）、《气候可行性论证管理办法》（2008年）、《气象行政处罚办法》（2000年）等。其中，最为重要的《气象法》包括《总则》《气象设施的建设与管理》《气象探测》《气象预报与灾害性天气警报》《气象灾害防御》《气候资源开发利用和保护》《法律责任》《附则》，共8章。《气象法》主要对气象设施、气候资源、灾害防御等内容进行了规制，客观上是提高适应气候变化能力最直接的法律。由于立法时间较早，《气象法》没有专门条款涉及应对气候变化问题，对气候变化影响评估和预测预警等问题仍是立法的空白点。

第三节　中国适应气候变化的立法任务

中国适应气候变化的制度规则散见于相关部门法律中，零散而不成体系。基于此，中国应通过开展应对气候变化立法，科学、完整地搭建适应气候变化的制度框架。另外，其他相关领域法律在修订过程中也应该相应地增加适应气候变化的内容。

一、明确"减缓与适应并重"的原则

《应对气候变化国家方案》提出了"减缓与适应并重"的原则：减缓和适应气候变化是应对气候变化挑战的两个有机组成部分。对于广大发展中国家来说，减缓全球气候变化是一项长期、艰巨的挑战，而适应气候变化是一项现实、紧迫的任务。中国将继续强化能源节约和结构优化的政策导向，努力控制温室气体排放，并结合生态保护重点工程及防灾、减灾等重大基础工程建设，切实提高适应气候变化的能力。

减缓气候变化的重要性毋庸赘言，而适应气候变化亦不容忽视。因此，有必要将"减缓与适应并重"的原则通过立法明确为应对气候变化的基本原则，突出适应气候变化在国家应对气候变化工作中的重要地位。

二、明确适应气候变化的目标

适应气候变化工作头绪较多，涉及从国家到地方各级政府、企（事）业单位、公民个人等众多主体的职责，同时涉及农业、林业、环保、水

利、海洋、气象、卫生、城乡建设、交通运输等众多国务院部门的管理职能。法律条文有限的条款中不可能面面俱到地规定诸多细节，但必须将适应气候变化工作最基本的目标和总体要求明确出来。这相当于从国家法律层面对适应气候变化"定调"，建立适应气候变化的制度框架，为下位法提供立法依据。各级政府和各部门如何开展适应气候变化工作可以通过部门规章或者地方立法进行规制。

对适应气候变化"定调"首先就要明确适应气候变化的目标，并且厘清适应气候变化目标和国家应对气候变化总体目标之间的关系。国家应对气候变化总体目标应该是一个全面的总体目标，下面又分为各层级的行动目标。适应气候变化应该属于国家应对气候变化总体目标下面的行动目标。因此，在适应气候变化立法中，应对气候变化目标的相关条款中应对行动目标进行明确规定。

另外，在适应气候变化立法中至少应该有一条款项对适应气候变化的总体要求进行规制，从宏观上表明国家提高适应气候变化能力的总要求，提出"国家在产业布局、基础设施、重大项目规划和建设中，应当充分考虑气候变化的影响，推动适应技术研究的开发和推广，增强适应气候变化特别是应对极端气候事件的能力"。在无法过于细化的情况下，这种宣誓性的提法可以为今后的工作提供法律依据。

三、明确政府部门适应气候变化的职责

根据《第十三届全国人民代表大会第一次会议关于国务院机构改革方案的决定》，新组建的自然资源部、生态环境部、农业农村部、应急管理部均与适应气候变化工作密切相关。

其一，自然资源部整合了：水利部的水资源调查和确权登记管理职

责,原农业部的草原资源调查和确权登记管理职责,国家林业局的森林、湿地等资源调查和确权登记管理职责,国家海洋局的职责,国家测绘地理信息局的职责。

其二,生态环境部整合了:原环境保护部的职责,国家发展和改革委员会应对气候变化和减排职责,水利部的编制水功能区划、流域水环境保护职责,原农业部的监督指导农业面源污染治理职责,国家海洋局的海洋环境保护职责,国务院南水北调工程建设委员会办公室的南水北调工程项目区环境保护职责。

其三,农业农村部整合了原农业部的职责,以及财政部的农业综合开发项目、原国土资源部的农田整治项目、水利部的农田水利建设项目等管理职责。

其四,应急管理部整合了:国务院办公厅的应急管理职责、公安部的消防管理职责、民政部的救灾职责,原国土资源部的地质灾害防治、水利部的水旱灾害防治、原农业部的草原防火、国家林业局的森林防火相关职责,中国地震局的赈灾应急救援职责,国家防汛抗旱总指挥部、国家减灾委员会、国务院抗震救灾指挥部、国家森林防火指挥部的职责。

根据 2018 年国务院的政府机构改革要求,同时为保证立法的长期稳定性,应将适应气候变化的法律义务规定到各级人民政府层面,具体由各级人民政府应对气候变化主管部门牵头负责。如果具有适应气候变化法律义务的责任主体在该工作上不作为,可以据此对其进行追责。另外,鉴于适应气候变化无法靠单个部门一己之力完成,各部门已有的一些生态保护、防灾减灾等好的做法客观上有助于提高适应气候变化的能力,为该项工作打下了良好的基础。适应气候变化立法除赋予行业和部门适应气候变化职责之外,还应建立各部门分工配合的协调机制,最大限度地形成部门间适应气候变化的合力。

第四节　中国适应气候变化的法律制度设计

一、适应气候变化规划制度

气候变化对农业、水资源、林业、基础设施等造成的不利影响是一个长时间积累的过程，要想有效适应气候变化，必须要对气候变化涉及的各要素进行长远规划，未雨绸缪。《国家适应气候变化战略》提出，"把适应气候变化的各项任务纳入国民经济与社会发展规划，作为各级政府制定中长期发展战略和规划的重要内容，并制定各级政府适应气候变化方案。"因此，中国应通过立法构建适应气候变化规划制度的总体框架，在国家整体应对气候变化规划之下，出台适应气候变化专项规划。

构建适应气候变化规划制度应明确以下要素：适应气候变化规划的责任部门、适应气候变化规划的分类、适应气候变化规划的依据、适应气候变化规划的审批程序、适应气候变化规划的公开和落实等。

二、气候变化影响评估制度

建立气候变化影响评估制度，可以通过科学的方法对气候变化造成的不利影响进行全面评估。这如同对中国的气候情况进行定期"体检"，有助于全面了解中国受到气候变化的不利影响，进而有的放矢地提高适应气候变化的水平。气候变化影响评估制度包括实施气候变化影响评估的责任主体、开展气候变化影响评估的时间安排、必须开展气候变化影响评估的重点领域、气候变化影响评估的结果应用。

关于气候变化影响评估的重点领域和评估时间问题，气候变化可能导致干旱、暴雨洪涝、台风、雷电、冰雹、龙卷风、低温、霜冻、连阴雨、高温、雪灾、沙尘等极端气候事件。这些气候变化对水资源、生态环境、能源、交通、人体健康、重大基础设施及局地气候均会造成不利影响。这些影响需要通过有规律的评估才能得出一个客观、科学的评估结果，因此应规定"定期"开展气候变化影响评估。通过择其重点，建议在应对气候变化立法中对气候变化影响评估的重点领域表述为，"定期评估气候变化对经济、社会发展和生态环境的影响。"

三、气候变化监测、预测和预警制度

气候变化造成的不利影响是缓慢积累的，一旦灾变效果显现出来则是突发性的、灾害性的，因此我们应该对重点气候变化影响因素进行持续监测。《国家适应气候变化战略》提出，"依托现有海洋环境保障项目，完善覆盖全国海岸带和相关海域的海平面变化和海洋灾害监测系统，重点加强风暴潮、海浪、海冰、赤潮、咸潮、海岸带侵蚀等海洋灾害的立体化监测和预报预警能力，强化应急响应服务能力。"因此，应该通过立法建立气候观测和灾害监测的国家标准、行业标准和技术规范，并按照相关标准建立各级气候变化的监测体系。

另外，对于气候变化可能产生的灾害性后果应未雨绸缪，对于气候变化可能造成的不利影响，尤其是可能造成的突发性、灾变性后果应积极采取有效的预防措施，快速反应，及时预警，以提高应对气候变化的能力。目前，中国关于气候突发事件的灾害应急协调机制已经基本形成，但是受气候变化影响的预测、预警系统尚未建立。因此，应该通过开展

应对气候变化立法,将适应气候变化纳入各级地方人民政府的灾害应急协调机制。

四、适应气候变化的保险制度

保险作为与银行、证券并列的三大金融领域,在现代社会被更加广泛应用,承担着防范风险和分担风险的功能。当前,在构建绿色低碳金融体系过程中,银行和证券主要应用于减缓气候变化投融资领域,而保险与适应气候变化更加匹配。党的十九大报告将气候变化列为非传统安全威胁,是人类面临的许多共同挑战之一。中国应将适应气候变化的保险制度作为重点,通过立法构建应对气候变化风险分担机制,提升保险在应对气候变化中的作用。

五、适应气候变化的法律激励措施

当前,国内关于适应气候变化的保障措施不够健全,导致适应气候变化的资金保障不足,技术水平和能力建设落后。因此,建议通过立法来构建完善的适应气候变化的保障制度。一是建立适应气候变化的资金机制,为适应气候变化提供足够的资金支持。二是建立健全适应气候变化的组织协调机制,成立多学科、多领域的适应气候变化专家委员会,为适应气候变化工作提供组织保障。三是推进开展适应气候变化的能力建设,提高全社会预防与规避极端天气和气候事件及其次生衍生灾害的能力,通过培训、宣传等途径提高适应气候变化的能力水平。四是加强适应气候变化的基础设施建设,建立健全管理信息系统建设,深入推广信息技术在适应气候变化重点领域的应用,推进跨部门适应气候变化信息共享和业务协同,提升政府适应气候变化的公共服务管理能力,提高适应气候变化的信息化水平。

第六章

中国地方应对气候变化的立法进展

加快构建中国特色社会主义法治体系，建设社会主义法治国家是一项涉及各法律领域、各立法层级的系统工程。习近平总书记在党的十九大报告中明确提出，人民美好生活需要日益广泛，不仅对物质文化生活提出了更高要求，而且在民主、法治、公平、正义、安全、环境等方面的要求日益增长。《应对气候变化法》作为国务院2016年度立法计划中着力改善生态环境、节约能源资源的立法研究项目，是通过法治建设应对气候变化等非传统安全威胁的重点立法领域。

第一节　中国省级政府应对气候变化规章

一、《青海省应对气候变化办法》

（一）基本情况

青海省是中国第一个颁布了应对气候变化规章的省级政府。《青海省应对气候变化办法》经青海省人民政府常务会议审议通过，自2010年10月1日起实施，共5章28条。

由于出台时间较早，制度探索尚不成熟，《青海省应对气候变化办法》只规定了节能、循环经济、发展可再生能源等相关领域的措施，没有提出任何减缓气候变化的专门制度。《青海省应对气候变化办法》后半部分在保障措施中重点规定了地方政府和国有企业在应对气候变化方面的职责分工和考核[1]，没有设定"法律责任"。可见，《青海省应对气候变化办法》是一部框架性的省级政府规章，主要规制的是政府行为，颁布多年来没有产生相关行政诉讼。

（二）特色亮点

《青海省应对气候变化办法》的主要特点是，充分体现了"减缓与适应并重原则"，在第2章专门规定了适应气候变化相关条款，位置放于第3章《减缓气候变化》之前，在28条法条中占8条。

《青海省应对气候变化办法》在《附则》首次提出了适应气候变化"趋利避害"的特征，值得国家和其他地方人民政府在开展应对气候变化立法时参考[2]。同时，《青海省应对气候变化办法》专门将"控制和减少农牧业活动中温室气体的排放量"单独作为一条，提出坚持工程治理与自然修复相结合、加大三江源地区保护、提高生态系统稳定性和安全性等措施，充分体现了青海省的碳排放特征和地域特色。

---

[1] 参见《青海省应对气候变化办法》（青海省人民政府令第75号）第26条，"县级以上人民政府应当每年向上一级人民政府报告应对气候变化职责履行情况，并将节能减排指标完成情况纳入地方经济、社会发展综合评价和年度考核体系，作为政府领导干部综合考核评价、国有及国有控股企业负责人业绩考核的重要内容。"《青海省应对气候变化办法》于2010年8月6日印发。

[2] 参见《青海省应对气候变化办法》（青海省人民政府令第75号）第27条，"本办法中下列用语的含义是：适应气候变化是指人和自然对于实际的或预期的气候刺激及其影响所做出的趋利避害的反应；减缓气候变化是指人类通过削减温室气体的排放源和增加温室气体的吸收而对气候系统实施的干预。"《青海省应对气候变化办法》于2010年8月6日印发。

(三) 经验教训

《青海省应对气候变化办法》具有框架性特征，主要起到宣示和引导的作用，实施多年以来没有产生任何诉讼，是一项没有牙齿的地方规章。《青海省应对气候变化办法》的牵头起草部门是青海省气象局，但应对气候变化管理职能分属于青海省发展改革委、青海省经信委，导致在执法方面存在一定的管辖冲突。

二、《山西省应对气候变化办法》

(一) 基本情况

《山西省应对气候变化办法》由山西省人民政府办公厅于2011年7月印发，共5章57条。与《青海省应对气候变化办法》的框架性立法不同，《山西省应对气候变化办法》更具有操作性。《山西省应对气候变化办法》基于山西省煤炭资源禀赋和低碳转型压力，将减缓气候变化作为规制重点，并将其放于适应气候变化之前。《山西省应对气候变化办法》虽然明确提出了"减缓与适应并重原则"，但体例上还是明显偏重于减缓。

(二) 特色亮点

《山西省应对气候变化办法》突出了建设"气化山西省"的目标，特别提到要提高煤的清洁开发利用技术，体现了地域特色。《山西省应对气候变化办法》将温室气体减排指标完成情况纳入了地方人民政府干部和国有企业负责人的考核评价体系[1]。由于国有大型企业是地方重要的排放源，但是这些企业由国资委主管，地方人民政府难以对其进行直接管理。山西省和青海省在立法中均在"考核"部分重点提到了"国有控股企业"，体现了省级行政管理部门与国有大型排放企业之间在温室气体管辖权方面的矛盾，抓住了温室气体排放的重点，值得国家在开展立法时关注。

（三）经验教训

《山西省应对气候变化办法》依然是行政法。虽然《山西省应对气候变化办法》专设了《温室气体排放管理》章节，提出建立温室气体统计制度、温室气体排放评价制度、碳汇制度，以及低碳产品标准、标识和认证制度，但每项制度均不够具体，难以为执法提供明确的法律依据。同时，由于《山西省应对气候变化办法》没有规定"法律责任"相关内容，因此仅限于对政府管理部门干部和国有企业负责人的问责，不涉及普通企业、公民和法人等私权主体的权利、义务，法律约束力度较弱，自颁布以来也没有产生相关司法诉讼。

---

[1] 参见《山西省应对气候变化办法》（晋政发〔2011〕第19号）第57条，"县级以上人民政府应当每年向上一级人民政府报告应对气候变化职责履行情况，将温室气体减排指标完成情况纳入地方经济、社会发展综合评价和年度考核体系，作为政府领导干部综合考核评价、国有及国有控股企业负责人业绩考核的重要内容。"《山西省应对气候变化办法》由山西省人民政府于2011年7月12日印发。

第二节　中国市级低碳发展地方性法规

南昌市和石家庄市作为国家低碳试点城市，通过颁布实施市级低碳发展促进条例，为城市低碳发展进行立法布局，以探索城市低碳转型的法制化、常态化路径。

一、《南昌市低碳发展促进条例》

南昌市于 2016 年 4 月经南昌市人民代表大会审议通过了《南昌市低碳发展促进条例》，并于 2016 年 9 月实施。《南昌市低碳发展促进条例》共 9 章 63 条，包括规划与标准、低碳经济、低碳城市、低碳生活、扶持与奖励、监督与管理、法律责任等主要内容。《南昌市低碳发展促进条例》的立法目的聚焦于为城市低碳发展提供行政执法依据，依法构建城市低碳发展的体制机制，巩固城市低碳发展和生态文明建设成果。

（一）在立法过程中有效化解阻力

一是在立法共识上多次沟通，化解立法顾虑。立法初期，南昌市立法机构对低碳发展理念的认可度不高，对低碳发展相关条例的立法经验不足，对低碳发展条例是否会制约地区经济增长和产业发展存在担忧。南昌市发展改革委作为条例起草部门，在立法过程中与相关立法机构和政府职能部门进行了充分沟通、广泛调研，组织经济专家、法律专家和能源专家进行了反复论证；南昌市法制办牵头召开了 3 次座谈会,对《南昌市低碳发展促进条例》相关内容进行了反复修改；江西省人民代表大会法工委牵头组织了多次意见征求会。《南昌市低碳发展促进条例》在 2015 年被列为南昌市人民代表大会立法计划和南昌市法制办调研论证项目,在 2016 年被列为"年内提请南昌市人民代表大会常务委员会审议的立法项目",并最终顺利出台。

二是在立法内容上求同存异,取得部门间立法预期的最大公约数。在立法过程中,《南昌市低碳发展促进条例》的起草部门经过反复修改草案内容,推进几个主要部门逐步取得了低碳立法的共识,妥善解决了江西省人民代表大会、南昌市人民代表大会、南昌市主要政府部门和企业代表的立法诉求。首先,对各部门存在立法异议的内容进行了删减。其次,对环保、节能等相关领域的内容按部门意见进行了增加。这虽然冲淡了低碳主题,但照顾了政府职能部门的立法、执法积极性。最后,按照立法部门的要求进行修改,采纳南昌市人民代表大会的意见,在《南昌市低碳发展促进条例》最后部分增加了《罚则》,使之更加符合立法规范。

三是注重立法的前期预热和后期宣传。《南昌市低碳发展促进条例》从列入立法计划开始,就在《江西日报》、新华网等主流媒体进行了专题报道,为低碳立法造势。考虑到公众对低碳的接受程度,以及对一部新法的知晓过程,南昌市人民代表大会将《南昌市低碳发展促进条例》出台后的一年定位为"宣传年"。南昌市发展改革委组织召开新闻发布会对相关内容进行解读,在《南昌市日报》上对《南昌市低碳发展促进条例》进行全文登载,并将其列为江西省政府年度宣传重点任务。

（二）立法、执法注重时序性

一是将配套实施意见同步纳入立法视野。本着"先粗后细、先易后难"的立法原则，南昌市发展改革委制定了"条例+实施意见"的立法路线。将立法争议较小、低碳发展原则性的内容优先纳入《南昌市低碳发展促进条例》。在《南昌市低碳发展促进条例》实施后的一年内，视在实施过程中面临的新情况和新问题制定立法阻力较小、立法层级较低的《南昌市低碳发展实施意见》，细化低碳相关措施，弥补其中的立法不足。这样的立法推进思路既保证了《南昌市低碳发展促进条例》的及时出台，又保证了其顺利执行。

二是按部门分解执法任务。本着"责任主体细化、任务节点细化"的原则，南昌市将部门任务分解作为执法的主要手段。将《南昌市低碳发展促进条例》和《南昌市低碳发展实施意见》中的主要任务在南昌市政府职能部门之间进行任务分解，与南昌市发展改革委承担的政府考核挂钩，有效利用现有政府工作机制确保各项低碳发展措施落到实处。

三是实施执法跟踪机制。南昌市将实施《南昌市低碳发展促进条例》列入 2017 年南昌市政府深化改革计划，对规划、能源、建筑、交通、宣教等主要职能部门的执法情况进行跟踪。在《南昌市低碳发展促进条例》出台前，南昌市在建筑节能、区域规划、新能源汽车普及、垃圾分类等方面已具备一定的工作基础。在《南昌市低碳发展促进条例》出台后，南昌市将借助地方法规的强制力，为这些工作提供更多的资金保障和工作动力。

（三）内容兼具可操作性和导向性

一是内容安排侧重公众对低碳的可视化和感知度。《南昌市低碳发展促进条例》在立法目的上强调"可视化低碳城市"理念，即低碳成果要让老百姓看得到、感受得到；在内容安排上注重公众对低碳发展的获得感和认知度。《南昌市低碳发展促进条例》专门设置了"低碳城市"相关内容，将城市规划、公共设施布局、低碳建筑、低碳交通、园林绿化等内容纳入立法范围。《南昌市低碳发展促进条例》关于公众低碳生活的规定非常细致[1]，使得这些内容在执法过程中具有可操作性。

二是明确以倡导为主、以约束为辅的立法路径。《南昌市低碳发展促进条例》专门设置了《扶持与奖励》章节，并将倡导和鼓励作为《南昌市低碳发展促进条例》实施的主要途径，将监督和惩罚作为辅助手段。南昌市政府自 2014 年起每年安排 500 万元的财政预算作为低碳城市建设专项资金，用于支持低碳重点工程建设、低碳新技术推广、低碳产品的生产应用。《南昌市低碳发展促进条例》中提出的"对低碳发展贡献突出的单位和个人给予表彰和奖励""将温室气体排放监测纳入财政预算"等要求，由于有了南昌市财政预算内低碳城市专项资金支持而能够确保落到实处。

三是提出多项低碳立法创新点，具有良好的导向作用。《南昌市低碳发展促进条例》集中体现了南昌市的低碳转型思路，为城市未来的发展方向进行立法布局。《南昌市低碳发展促进条例》明确提出，加强低碳高端人才引进并制定特殊优惠政策，建立低碳发展目标行政首长负责制和离任报告制度，建立低碳发展考核评价指标体系，建立低碳项目库，以及对项目进行以温室气体排放评估为主要内容的产业损害和环境成本评估等。这些均是比较有思路的立法亮点，相关执法进展和社会影响值得持续跟踪评估。

---

[1]《南昌市低碳发展促进条例》明确提到，"循环使用筷子、不得无偿提供不可降解塑料袋、鼓励新建建筑一次性装修到位"等细节性要求，并对应设定了"500 元以上 5000 元以下罚款"的罚则。

（四）存在的问题

一是《南昌市低碳发展促进条例》中的低碳措施落地尚待时日。考虑到《南昌市低碳发展促进条例》出台时间不长、缺乏执法经验，目前还无法从司法、执法和法律监督方面评判其产生的社会影响。《南昌市低碳发展促进条例》中的主要制度措施比较具有前瞻性，能够对当地低碳发展起到一定的促进作用，但各项措施若不能落到实处将会打击城市低碳转型的信心。在《南昌市低碳发展促进条例》提出的核心内容[1]中，仅少部分内容具有一定的工作基础，大部分内容尚未开展实质工作。

二是《南昌市低碳发展促进条例》中关于碳排放数据的执法依据不足。目前，地方统计局无法提供官方的碳排放数据，而企业自己的数据和地方政府部门的数据未经统计部门认可就不能作为法定执法依据。在实际执法中，若因违规排放问题向企业征收罚款，就必须依据法定采信的碳排放数据。这就急需地方统计部门尽快完善温室气体的统计核算体系，为《南昌市低碳发展促进条例》的执法提供依据。

三是《南昌市低碳发展促进条例》中的监督惩罚措施尚无执法经验。据了解，《南昌市低碳发展促进条例》在执法过程中对于奖励性的措施比较容易落实，但是对于处罚性的执法没有先例，对于执法主体、执法权划分、处罚裁量权等问题都没有明确答案，需要将来进一步探索。

---

1 《南昌市低碳发展促进条例》核心内容主要包括协调机制、低碳规划、峰值年限、温控目标、低碳标准、低碳园区社区建设、项目碳评、低碳示范、低碳产品认证、温室气体排放监测、离任报告制度、指标体系、配额分配机制、统计指标体系、低碳专项资金、低碳项目库等法律制度和措施。

二、《石家庄市低碳发展促进条例》

《石家庄市低碳发展促进条例》（以下简称《条例》）于 2016 年 1 月 22 日经石家庄市人民代表大会通过，于 2016 年 5 月经河北省人民代表大会批准，于 2016 年 7 月 1 日起施行。《石家庄市低碳发展促进条例》共 10 章 63 条，包括低碳发展的基本制度、能源利用、产业转型、排放控制、低碳消费、激励措施、监督管理、法律责任等内容。

（一）开创国内城市低碳立法先河

《石家庄市低碳发展促进条例》是中国第一部城市低碳发展促进条例，于 2013 年 6 月被列入石家庄市政府和石家庄市人民代表大会的 5 年立法计划，在 2014 年正式启动草案起草工作。由于是国内第一部城市低碳立法，《石家庄市低碳发展促进条例》起草部门反复修改了几十稿，对题目、名词解释、罚则设定等基础性问题均进行了多次讨论。《石家庄市低碳发展促进条例》相关内容经历了从繁到简的修订过程，最终获得了各方面的认可，并得以顺利出台。

（二）全面设计城市低碳发展制度

《石家庄市低碳发展促进条例》设计的低碳发展制度比较全面。

在减缓气候变化方面，《条例》提出了建立碳排放总量控制制度、碳强度控制制度、温室气体排放统计核算制度、温室气体排放报告制度、低碳发展指标评价考核制度、碳排放标准和低碳产品认证制度，提出鼓励重点排放单位实施碳捕集、利用和封存技术，积极增强林木、草地、耕地、湿地的储碳能力。

在能源转型方面，《条例》提出了煤炭消费总量制度和煤炭质量标识制度，提出鼓励新能源和可再生能源发展，以及推广先进的用能技术。

在产业转型方面，《条例》提出编制重点生态功能区产业准入负面清单，对固定资产投资项目实施准入管理，将碳排放评估纳入节能评估内容，并对重点排放单位的能源利用进行审计，对其清洁生产进行审核。

在公众引导方面，《条例》提出优先发展公共交通，加强公共机构节能，鼓励低碳消费、低碳生活等。

《石家庄市低碳发展促进条例》在制度创新方面有了一定的突破，提出的碳排放总量控制制度、产业准入负面清单制度、将碳排放评估纳入节能评估等内容，值得国家和其他地方在开展应对气候变化立法时借鉴。

（三）多层次设定法律责任

《石家庄市低碳发展促进条例》用《监督管理》和《法律责任》两个章节对罚则进行规定。处罚对象除了国家机关及其工作人员，还包括企（事）业单位、生产经营者等私权主体。处罚方式包括行政罚款、警告、记过等行政处罚和不良记录登记等多种方式。

可以看出，《石家庄市低碳发展促进条例》虽然立法层级不高，但是一部综合性的立法。由于《石家庄市低碳发展促进条例》出台时间较短，目前还无法看出实施效果，可以预见它将是一部约束力较强的地方性法规。

（四）重立法、轻执法现象不容忽视

《石家庄市低碳发展促进条例》的法律调整范围不仅限于控制碳排放，还包括合同能源管理、负面清单等能源和产业转型相关内容，是一部较为全面的低碳发展立法。

但是,《石家庄市低碳发展促进条例》的起草部门没有明确的执法计划,缺乏执法信心。基于此,通过立法构建的城市低碳发展制度和措施无从落实,重立法、轻执法的现象较为突出。

第三节 中国碳排放权交易地区立法情况

目前,在综合性立法方面,除青海省、山西省的地方规章及南昌市、石家庄市的地方性法规之外,江苏省、湖北省、四川省正在研究起草省级应对气候变化的政府规章。在专项性立法方面,北京市、上海市、天津市、重庆市、广东省、深圳市和湖北省7个碳排放权交易试点,以及四川省、福建省等参与碳排放权交易的地区均发布了关于碳排放权交易的地方规章或规范性文件(见表6-1)。

表6-1 碳排放权交易地区立法情况

地区	名称	发布日期	体例	监督管理	保障激励	法律责任	性质
北京市	《关于北京市在严格控制碳排放总量前提下开展碳排放权交易试点工作的决定》(北京市第十四届人民代表大会常务委员会通过)	2013年12月27日	6条	有	无	无	地方性法规
	《北京市碳排放权交易管理办法(试行)》(京政发〔2014〕14号)	2014年5月	6章26条	有	有	有	地方政府规章
天津市	《天津市碳排放权交易管理暂行办法》(津政办发〔2013〕112号)	2013年12月	7章40条	有	有	有	地方政府规章
	《天津市碳排放权交易管理暂行办法》(津政办发〔2016〕31号)	2016年3月	7章40条	有	有	有	地方政府规章

续表

地区	名　　称	发布日期	体例	监督管理	保障激励	法律责任	性　质
上海市	《上海市人民政府关于本市开展碳排放交易试点工作的实施意见》(沪府发〔2012〕64号)	2012年8月	6章28条	有	有	无	地方政府规范性文件
	《上海市碳排放管理试行办法》(沪府令〔2013〕10号)	2013年11月	7章45条	有	有	有	地方政府规章
重庆市	《重庆市碳排放权交易管理暂行办法》(渝府发〔2014〕17号)	2014年4月	6章43条	有	无	无	地方政府规章
广东省	《广东省碳排放管理试行办法》(粤府令第197号)	2014年1月	7章43条	有	无	有	地方政府规章
湖北省	《湖北省碳排放权管理和交易暂行办法》(政令第371号)	2014年4月	7章56条	有	有	有	地方政府规章
深圳市	《深圳经济特区碳排放管理若干规定》(深圳市第五届人民代表大会常务委员会公告第107号)	2012年10月	10条	有	有	有	地方性法规
	《深圳市碳排放权交易管理暂行办法》(深圳市政府令2014年第262号)	2014年3月	8章86条	有	无	有	地方政府规章
四川省	《四川省碳排放权交易管理暂行办法》(川发改环资2016〔385〕号)	2016年8月	8章38条	有	无	有	地方政府规章
福建省	《福建省碳排放权交易市场建设实施方案》(闽政〔2016〕40号)	2016年9月	5章16条	无	有	无	地方政府规章

一、碳排放权交易地区的立法成效

碳排放权交易立法的核心是,"温室气体排放权"的确权、权力转移和权力救济。在全国碳排放权交易管理条例尚未出台的情况下,开展区域性的碳排放权交易专项立法,是促进碳排放权交易试点稳步推进的根本保障。

截至 2018 年 10 月,7 个碳排放权交易试点累计碳成交量突破 2.5 亿吨,累计成交金额约 60 亿元(《中国应对气候变化的政策与行动》,2018 年出版)。碳排放权交易地区开展的立法对本地区的碳排放配额分配、注册登记、核查、管理、交易与配额清缴规则进行了法律规制,有效地保障了本地区的碳排放权交易,对在中国开展全国层面的碳排放权交易立法起到了先行先试的作用,积累了宝贵的制度设计经验。

二、地方碳排放权交易立法存在的问题

与青海省、山西省、南昌市、石家庄市等地方开展的应对气候变化立法和低碳发展立法相比,碳排放权交易试点开展的立法具有"专项性、低位阶和阶段性"的局限。

碳排放权交易试点地区的碳排放权交易立法成果均是由地方人民政府或人民政府办公厅颁布的,立法层级不高,管辖范围仅限于该地区的碳排放权交易领域,在罚则设置、碳排放配额管理等问题上难以进行有力规制,强制性和约束力不强。同时,由于碳排放权交易试点的立法属于全国碳排放权交易市场启动前的区域性立法,具有阶段性的特点。例如,北京市和天津市的碳排放权交易立法中明确提出了法律的存续期,有些法律规章即使没有明确存续期,但在全国碳排放权交易条例颁布后也需要进行实质性修订。

碳排放权交易要求市场参与主体对市场有一个合理、稳定的预期,

这样才能够保证碳价维持在合理区间。碳排放权交易试点能够开展的专项性、低位阶和阶段性立法，在依靠法律稳定性为市场提供稳定性预期方面作用有限。

三、地方碳排放权交易的立法建议

（一）注重地区间碳排放权交易规则的协同性

碳排放权交易立法最主要的使命是确定碳排放权交易规则。中国已经明确将启动全国的碳排放权交易市场，届时全国碳排放权交易规则将实现统一。

根据地区碳排放权交易规则和交易实践进展的跟踪比对结果，各地区之间的碳排放权交易规则尚不统一，地区之间的立法协同性急需加强。这成为构建全国统一的碳排放权交易市场的一个障碍。同时，建议碳排放权交易非试点在全国碳排放权交易立法成果出台之前，暂不急于开展地区性的碳排放权交易立法。

（二）注重与全国碳排放权交易立法的一致性

目前，全国的《碳排放权交易管理条例》（国家发展改革委负责起草）已经被国务院法制办列入国务院 2016 年度立法计划中的"预备项目"。《碳排放权交易管理条例》将确定全国碳排放权交易的基本规则，并成为各地方开展地方性碳排放权交易立法的上位法。因此，建议目前已开展了地方性碳排放权交易立法的地区，未来或者根据全国性的碳排放权交易相关条例内容进行地方规章修订，或者待相关条例出台后及时废除相关的地方性碳排放权交易立法，直接适用全国碳排放权交易条例。

（三）注重地区特色的碳排放权交易规则设计

根据目前的立法构想，碳排放权交易将成为中国《应对气候变化法》的重要内容，但是仅进行了原则性规定。涉及全国碳排放权交易的基本规则及各方权利、义务的关系将由《碳排放权交易管理条例》规定；涉及碳排放权交易的具体细则和技术性指南将以部门规章的形式进行规定。这些都是全国适用的。

为了保证全国碳排放权交易市场的统一性，没有必要再通过地方性立法规定地区碳排放权交易规则，地方碳排放权交易立法的空间将非常有限。最有价值的立法空间在于在国家立法中难以涉及的地方特色，如规定本地区碳排放配额的分配标准，或者提出严于国家的碳排放配额分配规则设计。例如，在碳汇资源丰富的地区，可以探索通过地方性立法设定生态补偿机制、碳普惠机制，充分利用碳排放权交易规则，将碳汇与区域性扶贫相结合。

第四节　中国地方应对气候变化立法评析

一、中国地方应对气候变化立法情况综述

在中国省级层面，目前青海省、山西省出台了省级应对气候变化管理办法；在市级层面，石家庄市、南昌市两个低碳试点城市出台了市级低碳发展促进条例，北京市、上海市等碳排放权交易试点开展了碳排放权交易专项立法。

据不完全统计，目前国际上有德国北莱茵威斯特法伦州和巴登符腾堡州、美国加利福尼亚州、澳大利亚维多利亚、巴西圣保罗、苏格兰等地区，在国家层面的立法框架下或者在国家层面立法尚处于空白的情况下，由地方立法机关主导开展了区域性的应对气候变化专项立法。

对这些国外区域性应对气候变化立法情况进行研究发现，虽然并没有一个各国都适用的应对气候变化立法解决方案，但地方应对气候变化立法均包含了基本信息、目标、政策措施、管理机构安排、财政激励措施 5 项主要内容。这些地方在应对气候变化立法过程中面临的低碳意识不强、立法动力不足、立法思路不清、行政执法不力等困难具有一定的代表性。但是，地方层级的应对气候变化立法对于控制该地区的温室气体排放、提高适应气候变化能力提供了法律制度保障。

二、地方应对气候变化立法的作用

一是在制度创新方面，地方应对气候变化立法是培育低碳发展制度的重要途径。在一项新的政策法规被纳入国家层级立法考量之前，地方政府主导的立法可以在制度试行方面发挥重要作用。例如，在国家立法层面，考虑到精简项目前置性审批的改革要求，中国新增的碳评制度面临较大困难；在市级立法层面，《石家庄市低碳发展促进条例》提出将碳排放评估纳入节能评估内容，《南昌市低碳发展促进条例》提出对项目进行以温室气体排放评估为主要内容的产业损害和环境成本评估，这均是比较有思路的立法亮点。

二是在立法力度方面，地方应对气候变化立法因法律对象更为具体，立法和执法机关对本地区情况更为熟悉，便于在国家应对气候变化立法框架下因地制宜地出台更具操作性的地方法规规章。例如，中国拟在国家应对气候变化立法中设定低碳标准化制度,并将国家层面的标准、标识和认证的基本原则、程序和责任纳入立法;地方层面在执行国家标准、认证制度的同时,可以制定严于国家标准、认证制度的地方标准、认证规则。在国家统一的制度安排下,地方可以通过立法设定更加细化、更加具体的法律措施。

三是在立法协同方面,应加强国家和地方立法的协调。根据中国发布的《立法法》和立法工作实践,国家和地方两个层面的立法权限、程序和效力等级都是不同的,应强调不同立法层面的不同立法任务。例如,在国家立法层面,要重点明确国家和地方层面应对气候变化管理的职责分配,厘清省、市、县各级地方政府的权责,这也是地方对于国家立法的主要诉求;而在地方立法层面,建议地方立法应更具灵活性,突出区域特色,更加因地制宜地考虑本地区应对气候变化的具体措施,这些是在国家立法层面难以具体涉及的。由于对低碳发展和应对气候变化的接受程度不同,各地方在推进地方应对气候变化立法过程中要注意协调所涉及概念内涵和外延的一致性。

三、推进中国地方应对气候变化立法的建议

综合研究表明,地方应对气候变化立法的立法层面越高,内容越完善,对气候变化和低碳发展制度的运用就越丰富,这个地区的低碳发展水平和碳排放权交易市场运行就越有效、越规范。因此,建议地方人民政府和立法机关重视地方应对气候变化立法工作,并将其作为地方生态文明制度建设和低碳转型的重要途径,依法促进区域低碳发展。

一是地方立法应突出本地特色。气候变化是一项具有明显地域特征的工作,地方应对气候变化立法应紧扣本地区特色。在减缓气候变化方

面，地方应对气候变化立法能够根据本地区的资源禀赋、产业结构、地域特征因地制宜地确定低碳转型路径。例如，山西省在应对气候变化立法过程中围绕"煤炭"进行了富有山西省特色的减缓气候变化制度设计。在适应气候变化方面，地方应对气候变化立法能够针对本地区气候脆弱性特征，在立法中明确适应气候变化的重点领域和重点任务。例如，《青海省应对气候变化办法》提出，应加强三江源保护，将《适应气候变化》章节单设，并放在《减缓气候变化》章节前面，这正是基于青海省适应气候变化的紧迫性进行的地方法制安排。

二是地方立法应前瞻性与可操作性并重。近年来，国内关于低碳发展制度的研究和实践不断取得进展。对比研究发现，最近出台的《石家庄市低碳发展促进条例》和《南昌市低碳发展促进条例》，无论在制度内容方面还是在体例安排方面，均比青海省和山西省的立法成果有较大进步。地方立法机构对于地方情况更熟悉，地方法律的适用对象更具体。建议地方应对气候变化的法律起草机构应该及时跟进最新的低碳制度实施进展，本着前瞻性的立法精神大胆进行本地区的低碳制度设计探索；建议地方应对气候立法在立法过程中应重点考虑执法的可行性，尽量制定更详细、更具体的内容，不再开展框架性立法。在法律法规出台后，应对本地区的应对气候变化立法成果进行及时的立法审查和立法修订，并根据实际情况出台立法解释，以保障地方应对气候变化立法适应国家应对气候变化工作进展，确保立法能够为地方的低碳发展提供行为指引和制度保障。同时，应做好普法动员，明确执法主体、执法对象和执法程序，不要浪费宝贵的立法资源。

三是加强不同层面和不同区域的立法协同。中国应强调不同立法层面的不同立法任务，注重地方与国家之间，以及各地方之间的立法衔接。地方法规和规章作为下位法，在立法内容方面不能与国家立法矛盾，在罚则种类和力度方面不能超过国家立法。在国家应对气候变化立法中规定的较为宽泛的内容，在地方应对气候变化立法时可以因地制宜地进行更详细的规定，以便于国家立法内容能够更好地实施。在各地方立法成果之间，要注意协调"低碳""气候变化""重点排放单位"等概念内涵和外延的一致性。地方立法应及时根据国家立法进展与时俱进地进行修订。同时，一项新的法律措施在被纳入国家立法考量之前，地方立法可以在制度探索方面发挥重要作用。基于此，建议及时跟踪、总结国内地方应对气候变化立法的经验和亮点，及时将地方应对气候变化立法的创新成果纳入国家应对气候变化立法视野。

第七章

国外应对气候变化的立法进展

他山之石，可以攻玉。英国、瑞士、法国、德国、丹麦、芬兰、新西兰、墨西哥、菲律宾、韩国、美国加利福尼亚州等都开展了应对气候变化专项立法。欧盟于 2020 年 3 月初完成了《欧洲气候法》起草并公开征求意见；南非环境事务部从 2018 年 6 月起就《南非国家气候变化法案》公开征求意见[1]；德国除联邦立法外，还有 4 个州开展了应对气候变化立法。另外，据一个专门研究全球应对气候变化立法情况的国际组织"全球国际"的宽口径研究结果，截至 2015 年 1 月 1 日，研究统计的 99 个国家和地区（温室气体排放量占全球温室气体总排放量的93%）共制定了超过 800 项气候变化相关的法律或政策（包括立法、规章、政策和行政命令）。

应对气候变化是近 40 年才受到人类广泛关注的领域，应对气候变化立法没有足够的时间和实践积累走像《民法》《刑法》那样"长期社会实践—形成不成文的习惯规则—立法权威部门对习惯规则进行归纳和确认—形成法律条文"的立法道路。国内外控制温室气体排放的实践积累尚未形成明显的习惯规则，在此情况下开展应对气候变化立法工作是白纸作图，已经开展应对气候变化立法国家的经验教训是中国开展应对气候变化立法难得的、可以借鉴的地方。虽然世界各国的国体、政体不同，立法习惯差异较大，但是重视应对气候变化问题的历史时间差不多，减缓和适应气候变化的手段和路径雷同。因此，加强应对气候变化领域的国际交流，了解其他国家应对气候变化的立法情况，对于提高中国应对气候变化立法工作质量、降低立法成本极为重要。

---

[1]《南非国家气候变化法案》的内容详见 Climate Change Bill, 2018: For Public Comment，具体网址为 https://www.environment.gov.za/sites/default/files/legislations/climatechangebill2018_gn41689.pdf。

第一节　国外应对气候变化立法进展情况

自 1997 年《京都议定书》诞生以来，国际上已有近 20 个国家和地区制定了有关应对气候变化、控制温室气体排放、低碳绿色发展和征收碳税方面的国内法律法规。欧洲作为全球气候治理的领军胜地，已经正式颁布或完成起草公开征求意见的应对气候变化立法成果有《欧洲气候法》《瑞士联邦二氧化碳减排法》《德国联邦气候保护法》《北莱茵威斯特法伦州气候保护促进法》《巴登符腾堡州气候保护法》《英国气候变化法》《芬兰气候变化法》《丹麦气候法案》及法国颁布的《绿色增长和能源转型法》。在美洲，墨西哥正式颁布了《气候变化基本法》，美国虽然在联邦气候政策上"开倒车"，但加利福尼亚州出台了《加利福尼亚州全球变暖解决方案法案》，引领了美国州级层面积极应对气候变化的政策与行动。亚太地区国家应对气候变化立法情况如下：日本颁布了《地球温暖化对策推进法》，新西兰推出了《2002 年应对气候变化法》，菲律宾发布了《2009 气候变化法》，韩国颁布了《气候变化对策基本法》和《低碳绿色增长基本法》，越南也在开展应对气候变化立法。非洲大陆的立法代表是南非，南非已经正式出台了《南非碳税法案》，完成了《南非国家气候变化法案》的起草，并正式公开征求意见。这些立法成果的背景、内容和立法过程虽然不尽相同，但也呈现出一些共同特征。

虽然我国应对气候变化立法工作已历经 10 余年，但仍未正式出台应对气候变化的专门法律或国务院条例法规，无法满足我国应对气候变化的实际工作需求。加强应对气候变化领域的国际交流，对于推动我国应对气候变化的立法工作极为重要，对促进我国应对气候变化工作法治化、制度化、国际化具有一定借鉴意义。国外已开展应对气候变化相关立法的国家和地区在依法设定温室气体控制目标、搭建气候变化管理体制、规制减排措施、明确应对气候变化的宗旨和原则方面形成了诸多立法经验，可以为设计我国应对气候变化法律制度提供立法素材，为推进我国应对气候变化立法进程提供立法依据。

一、国外应对气候变化立法进展与国际气候治理大势紧密相关

综合分析目前主要国家或地区应对气候变化立法的基本情况（见表7-1），可以看出应对气候变化立法动力与国际气候治理进程成正相关。在2009年12月哥本哈根世界气候大会前后，国际社会迎来第一轮应对气候变化立法高潮。英国、菲律宾、韩国和欧盟纷纷以此为契机开展了应对气候变化相关立法。我国也顺势于2009年8月在全国人民代表大会常务委员会出台的《关于积极应对气候变化的决议》中提出，"要把加强应对气候变化的相关立法作为形成和完善中国特色社会主义法律体系的一项重要任务，纳入立法工作议程。"由此，我国启动了应对气候变化立法工作。

在2015年《巴黎协定》出台前后，国际社会掀起了第二轮应对气候变化立法高潮。法国、芬兰、韩国及德国的4个州出台了应对气候变化、能源转型或低碳发展的相关法律；新西兰于2017年9月对2002年出台的《2002年应对气候变化法》进行了修订。我国在《巴黎协定》出台前也借国际形势将应对气候变化立法项目列入了国务院2016年度立法计划和十八届四中全会改革实施规划。2015年，中央出台的《中共中央

表 7-1 国外应对气候变化立法基本情况

国家或地区	法律名称	时 间
欧盟	《欧洲气候法（征求意见稿）》	2020 年 3 月
丹麦	《丹麦气候法案》	2019 年 12 月
德国联邦	《德国联邦气候保护法》	2019 年 11 月
南非	《南非碳税法案》	2019 年 6 月生效
南非	《南非国家气候变化法案（征求意见稿）》	2018 年征求意见
法国	《绿色增长和能源转型法》	2015 年
芬兰	《芬兰气候变化法》	2015 年
韩国	《低碳绿色增长基本法》	2013 年
德国北莱茵威斯特法伦州	《北莱茵威斯特法伦州气候保护促进法》	2013 年
德国巴登符腾堡州	《巴登符腾堡州气候保护法》	2013 年
墨西哥	《气候变化基本法》	2012 年
欧盟	《欧盟能源与气候一揽子计划》	2009 年
韩国	《气候变化对策基本法》	2009 年
菲律宾	《2009 气候变化法》	2009 年
英国	《英国气候变化法》	2008 年
美国加利福尼亚州	《加利福尼亚州全球变暖解决方案法案》	2006 年
新西兰	《2002 年应对气候变化法》	2002 年制定 2017 年修订
瑞士联邦	《瑞士联邦二氧化碳减排法》	1999 年制定 2000 年生效
日本	《地球温暖化对策推进法》	1998 年制定 2001 年实施

国务院关于加快推进生态文明建设的意见》《生态文明体制改革总体方案》均明确要求，应研究制定和完善应对气候变化等方面的法律法规。2016 年，国务院印发的《"十三五"控制温室气体排放工作方案》进一步提出"推动制定《应对气候变化法》"。但是，2016 年美国退出《巴黎协定》，这在一定程度上削弱了国际社会合作应对气候变化的推动力，也在短期内冲击了各国推进应对气候变化法制进程的信心。

当前,《巴黎协定》已完成实施细则谈判,进入了实质性履约阶段,各缔约方的国内应对气候变化立法进程成为保障其自主贡献目标如期落实的关键。德国联邦议院于 2019 年 11 月 15 日通过了《德国联邦气候保护法》,丹麦议会于 2019 年 12 月 6 日通过了《丹麦气候法案》。欧盟基于《欧洲绿色新政》中 100 天立法的承诺,于 2020 年 3 月公布了《欧洲气候法(征求意见稿)》,并启动征求意见的立法程序。南非环境事务部于 2018 年 6 月就《南非国家气候变化法案(征求意见稿)》公开征求意见,引起了国际社会的广泛关注。在 2018 年国务院机构改革过程中,我国应对气候变化职能从国家发展改革委划转到了新组建的生态环境部,这为应对气候变化立法迎来了新的契机。

二、将温室气体减排目标纳入法律是高水平履约的保障

将温室气体减排目标纳入国内立法能够有效提升国家应对气候变化履约能力,以法律的强制力保障缔约方对于国际公约的履约水平。在法律中明确提出温室气体减排目标:一是可以为国内的碳排放总量控制制度、碳排放预算制度和减排目标分解制度提供法律依据;二是在开展了碳排放权交易的国家和地区,温室气体减排目标入法有利于加强公众对碳排放权市场的信心,使公众对碳价具有合理预期;三是能够提高应对气候变化相关法规的含金量,避免应对气候变化立法成果沦为一个"宣示性"的、"摆着看"的法律,而使其成为一部能够"拿来用"的法律,进而发挥其在应对气候变化中的推助力。因此,将温室气体减排目标及配套制度纳入国内法律,已经成为各国家和地区开展应对气候变化立法的通行做法(见表 7-2)。

表 7-2　国外将温室气体减排目标和配套制度纳入立法情况

法律名称	法律中确定的核心目标	配套制度
《德国联邦气候保护法》	到 2030 年温室气体排放比 1990 年减少 55%，到 2050 年实现净零排放，目标只能提高，不能降低	部门目标分解及调整机制、年度进展报告和预测报告制度
德国《北莱茵威斯特法伦州气候保护促进法》	北莱茵威斯特法伦州的温室气体排放总量到 2020 年在 1990 年的基础上减少 25% 以上，到 2050 年减少 80% 以上	目标报告与定期评估制度
德国《巴登符腾堡州气候保护法》	巴登符腾堡州的温室气体排放总量到 2020 年在 1990 年的基础上减排 25%，到 2050 年前减排 90%；巴登符腾堡州所有部门到 2040 年应达到碳中和；在全州范围内通过预防性措施适应气候变化的影响	目标报告与定期评估制度
法国《绿色增长和能源转型法》	到 2030 年将温室气体排放总量降低到 1990 年水平的 40%；到 2050 年将能源最终消费总量降低到 2012 年水平的一半；化石能源消费到 2030 年降低到 2012 年水平的 30%；到 2020 年将可再生能源占一次能源的消费比重增长到 23%，到 2030 年增长到 32%；提高垃圾循环利用水平，垃圾填埋总量到 2025 年减至当前填埋量的一半；到 2025 年将核能的占比降低 50%	碳预算制度
墨西哥《气候变化基本法》	温室气体比照通常情景到 2020 年减排 30%，到 2050 年减排 50%，到 2026 年达到排放峰值；在 2024 年之前清洁能源消费量占能源消费总量比例达到 35%，到 2030 年达到 40% 以上；减少 51% 的黑炭排放；减少因毁林而增加的碳排放；提高墨西哥适应气候变化的能力	碳税和碳排放权交易制度（建设中）
美国《加利福尼亚州全球变暖解决方案法案》	到 2020 年将加利福尼亚州温室气体排放总量降低到 1990 年的水平，到 2050 年在 1990 年水平的基础上降低 80%	碳排放权交易制度
《英国气候变化法》	到 2050 年，将英国的温室气体排放量在 1990 年的基础上降低 80%，到 2020 年在 1990 年的基础上至少降低 34%	碳预算制度

三、通过立法明确应对气候变化的宗旨和原则

虽然世界各国的国体、政体不同，立法习惯差异较大，但是重视应对气候变化问题的历史时间差不多，减缓和适应气候变化的手段和路径雷同。已经开展应对气候变化立法的国家和地区，大多通过立法建立了应对气候变化的管理体制，明确了应对气候变化的宗旨和原则。

很多国家和地区均在应对气候变化法律中开宗明义地指明了其立法目的和宗旨，大多数应对气候变化法律旨在履行国际公约义务、促进地区低碳经济转型、减少温室气体排放、减小气候变化的不利影响（见表 7-3）。

表 7-3　主要国家或地区应对气候变化立法的目的和宗旨

法律名称	应对气候变化立法的目的和宗旨
《德国联邦气候保护法》（第 1 章第 1 条）	宗旨是保证完成德国气候保护目标及确保遵守欧洲温室气体减排目标规定，以免受到全世界气候变化的影响。依据《联合国气候变化框架公约》下《巴黎协定》规定的义务，即要将全球平均气温较工业化前水平的升高幅度控制在 2℃ 以内，并尽可能把升温控制在 1.5℃ 以内，努力将世界气候变化的影响保持在最低水平。为了避免对气候系统的人为干扰，应最大限度地减少温室气体的排放，在 21 世纪中叶实现温室气体净零排放
《瑞士联邦二氧化碳减排法》（第 1 章第 1 条）	旨在减少因使用化石能源而产生的二氧化碳排放，同时相应减小其对于环境的有害影响；有助于能源的经济、高效利用，有助于增加可再生能源的利用
法国《绿色增长和能源转型法》（《序言》）	鉴于当前使用的大部分能源是污染的、昂贵的、不可再生的化石能源。能源转型旨在确定法国在后石油时代新的、更稳定的、可持续的能源发展模式，以应对能源供应紧张、油价攀升、资源枯竭和环境保护带来的挑战
德国《巴登符腾堡州气候保护法》（第 1 条）	（1）立法目的是在国际、欧洲和德国气候保护目标框架内，通过减少温室气体排放，为气候保护做出适当贡献，也为可持续能源供给做出贡献； （2）旨在规定巴登符腾堡州减少温室气体排放的目标，细化气候保护的相关事项，规定必要的实施手段

《联合国气候变化框架公约》第 3 条提出了国际应对气候变化的原则。很多已开展应对气候变化立法的国家或地区均将国际条约的原则内化为国内法律原则（见表 7-4），并将其作为制定应对气候变化政策、采取减缓和适应气候变化措施的根本遵循。

表 7-4　主要国家和地区在应对气候变化立法中确定的应对气候变化原则

法律名称	立法原则
《南非国家气候变化法案（征求意见稿）》（第 1 章第 3 条）	应遵守《南非国家环境管理法》规定的国家环境管理原则； 以造福人类当代和后代为宗旨，保护气候系统； 根据不同国情，承认国际公平原则、各国共同但有区别的责任原则、各自能力原则； 需要根据国情和发展目标，确保人人公正地过渡到环境友好的、可持续发展的经济和社会
墨西哥《气候变化基本法》（第 4 章第 26 条）	可持续地开发和使用生态系统及其要素； 国家和社会在采取减缓和适应气候变化行动方面承担共同责任； 预防原则； 公共参与原则； 环境责任原则； 透明度和公平获取信息原则
新西兰《2002 年应对气候变化法》（《附录 1》第 3 条）	缔约方应在公平的基础上，根据各国共同但有区别的责任原则、各自能力原则，为人类当代和后代利益保护气候系统； 发展中国家缔约方的特殊需要和情况，特别是那些易受气候变化不利影响的缔约方，以及在公约下承担不成比例或不正常负担的发展中国家缔约方，应予以充分考虑； 应采取必要的预防措施预防或减小气候变化的不利影响； 各方有权促进可持续发展，保护气候系统不受人为影响的政策和措施应考虑到各方的具体情况，并符合国家发展战略；同时，经济发展是采取应对气候变化措施的必要保障； 缔约方应合作构建一个利于经济可持续增长的、开放的国际经济体系，使之能够有利于所有缔约方，特别是发展中国家缔约方解决气候变化问题

第二节 欧洲应对气候变化的立法进展

2019年12月11日，新一届欧盟委员会发布了《欧洲绿色新政》（*European Green Deal*），提出到2050年欧洲要在全球范围内率先实现气候中和，并承诺将在100天内出台首部《欧洲气候法》。《欧洲绿色新政》被誉为欧洲绿色新纲领，对欧洲在"后巴黎时代"应对气候变化进行了中长期战略布局，成为提高全球应对气候变化雄心和力度、推动全球可持续发展的重要风向标，也必将对中国应对气候变化立法、谋划应对气候变化专项规划和长期温室气体低排放发展战略产生积极影响。

一、《欧洲绿色新政》的出台背景及内容分析[1]

（一）《欧洲绿色新政》的出台背景

首先，欧盟现有减排目标及进展与国际社会提高全球应对气候变化的雄心和力度之间存在差距。《欧盟2020战略》提出了"到2020年欧盟的温室气体排放在1990年温室气体排放基础上减少20%，可再生能源占比提高到20%，能源利用效率提高20%"的"3个20%"战略目标，在成员国范围内进行了目标分解，并通过实行碳排放总量控制和交易机

---

[1] 本标题下内容由田丹宇和高诗颖合作撰写。

制来保持一定的灵活性。《欧盟2030气候与能源政策框架》提出了"到2030年温室气体排放比1990年减少40%，可再生能源占比提高到至少27%，能源利用效率提高30%"的目标。在《巴黎协定》下，欧盟承诺"到2030年温室气体排放较1990年减少40%，可再生能源占比提高到32%，能源利用效率提高32.5%"的目标。虽然，从1990年到2018年，欧洲温室气体排放减少了23%，国内生产总值增加了61%，率先实现了经济增长和碳排放脱钩，但在生物多样性、资源利用、气候和环境健康等领域仍然面临着风险和不确定性。根据2019年12月4日欧洲环境署发布的《欧洲环境状况与展望2020报告》，按照欧洲目前的行动进展，到2050年只能减少60%的温室气体排放。在能源利用效率方面，欧洲自2014年以来的最终能源需求实际上已经增加，到2020年的能源利用效率目标很可能难以完成。另外，根据德国、法国等国家开展的国内气候变化目标进展评估结果，依靠既定的战略和政策不足以实现其在《巴黎协定》下承诺的减排目标，需要通过强有力的政策手段，加快推进绿色低碳发展，并提出更有雄心和力度的减排目标。

其次，强化绿色发展政策与行动在欧洲有较好的民意基础和下位法保障。据调查，95%的欧洲人认为保护自然对应对气候变化至关重要，保护环境可以促进经济增长，并积极支持在欧盟层面开展环境立法及资助环保活动，认为应采取果断的行动应对气候变化。《欧洲绿色新政》的出台顺应了公众呼声，具有充足的民意基础。在欧盟成员国内，通过开展高位阶的立法，以提高控制温室气体排放目标和政策落实力度，已成为很多国家在后巴黎时代应对气候变化的主要思路。2015年之后，法国《绿色增长和能源转型法》及《芬兰气候变化法》《德国联邦气候保护法》《丹麦气候法案》等相继出台，为在欧盟层面制定更宏观的中长期减排战略，以及出台《欧洲气候法》奠定了良好的基础。

最后，欧盟通过强化绿色新政可以将气候风险转化为可持续发展的契机。欧洲原来提出的2020年、2030年减排目标的主要驱动因素是提高能源利用效率和发展可再生能源，主要考虑了能源领域的目标自洽。但事实证明，仅基于提升能源利用效率和发展可再生能源控制温室气体排放的动力不足。因此，有必要为了应对气候变化，动员一切可以动员的环境手段，在"大环境观"指引下，实现更大范围的目标耦合，提出一套综合性的绿色、低碳、循环发展的政策框架，进而建立更严格的法律框架。《欧洲绿色新政》旨在将气候危机和环境挑战转化为动力，推进欧盟经济转型和可持续发展。《欧洲绿色新政》从应对气候变化风险入手，引领了能源、循环经济、建筑、交通、食品、生态系统、环境治理等主要领域的转型，动员了法律、财税、政策、市场等保障手段，以期实现欧洲全面战略转型，继续保持其全球领军地位。正如欧盟委员会新任主席冯德莱恩所称："《欧洲绿色新政》是欧盟一项新的增长战略，它将在减少温室气体排放的同时创造就业机会，完成公正、合理且具有包容性的转型。"

（二）《欧洲绿色新政》的主要内容

一是提高欧盟2030年和2050年的温室气体减排雄心。基于原有的2020年、2030年减排目标进展迟滞的评估结果，欧盟委员会计划于2020年夏提出一项气候变化影响评估计划，将2030年欧盟的减排目标从原来的"在1990年水平上至少减排40%"提高到50%，并努力提高到55%，到2050年实现气候中和。为了到2050年成为全球首个净零排放的大洲，《欧洲绿色新政》从能源、工业、建筑、交通、粮食、生态和环境7个方面规划了行动路线图，并呼吁各国与之携手努力。

二是提供清洁的、可负担得起的、安全的能源。能源系统的脱碳对实现欧洲 2030 年和 2050 年减排目标至关重要，但能源生产和使用占欧洲温室气体排放的 75%以上；另外，2017 年欧洲只有 17.5%的最终能源消费来自可再生能源。为提升 2030 年的控温目标，进而确保到 2050 年实现净零排放，《欧洲绿色新政》明确要求加速能源领域的立法、修法进程。同时，欧盟委员会将在 2020 年 6 月完成对《国家能源气候计划》的评估；在 2020 年内制定《海上风电战略》，并对泛欧能源网的相关规则进行评估；在 2021 年 6 月对欧洲能源领域的相关法律进行审定，并提出修订《能源税指令》的建议。《欧洲绿色新政》还要求各成员国应在 2023 年内完成其国内能源和气候计划的修订，以契合新的欧洲气候雄心。

三是提出面向清洁生产、循环经济的工业战略。虽然工业排放占欧洲温室气体排放的 20%，但欧洲工业原料的使用量仍然不小，且其中仅有 12%的工业原料可以回收或再利用。因此，要实现欧洲的气候和环境目标，需要一种新的、以循环经济为基础的工业政策。根据《欧洲绿色新政》，欧盟委员会 2020 年 3 月制定了《欧盟工业战略》，出台了《循环经济行动计划》，其中包括一项关于可持续产品的倡议，并以纺织、建筑、电子和塑料等资源密集型行业为重点。从 2020 年开始，欧洲将开展关于废物处置的立法，并在能源密集的工业部门采取利于气候中性和产品循环的市场激励措施，力求到 2030 年欧洲所有的包装都是可重复使用或可回收的。欧盟委员会还将在 2020 年提出"实现炼钢过程到 2030 年零排放"的建议，在 2020 年 10 月制定《电池法》。

四是掀起建筑业的绿色"革新浪潮"。建筑业占欧洲能源消耗的 40%，且目前的公共建筑、私人建筑的翻修率将至少翻 1 番。《欧洲绿色新政》要求于 2020 年在建筑业掀起"革新浪潮"，以能源、资源更有效的利用方式新建和翻修建筑。欧盟将制定差别化的能源价格，提高建筑的数字化管理水平，实施更广泛的建筑防护措施，执行更严格的建筑节能规范，努力使建筑符合循环经济的要求。欧盟委员会将推出一个融合了建筑管理部门、地方政府、建筑师和工程师的开放平台，促进金融创新和建筑节能，并通过集中整修大型街区获得规模经济效益。为保证社会公平，欧盟秉持"不让任何人掉队"的原则，将为5000万名消费者提供取暖费资助，并特别注意改造社会福利性住房、学校和医院，帮助那些难以支付能源账单的家庭。

五是发展可持续和智能的交通。交通运输领域的温室气体排放占欧洲温室气体排放的1/4，并且这个比例还在继续增长。《欧洲绿色新政》要求到2050年将交通领域的温室气体排放减少90%。为了实现这一雄心，《欧洲绿色新政》计划到2020年制定《可持续和智能交通战略》，并评估相关立法选择，确保不同运输方式的替代燃料均具有可持续性。欧盟委员会将于2021年提出修订《联合运输指令》的提案，评估《关于化石燃料替代的基础设施指令》和《泛欧交通网条例》。到2025年，欧洲道路上的1300万辆零排放和低排放汽车将需要大约100万个公共充电桩和加油站，为此《欧洲绿色新政》提出从2020年开始，筹资部署公共充电桩和加油点，开展替代燃料的基础设施建设。欧盟将在2021年提出更严格的内燃机车空气污染物排放标准，并于2021年改进铁路和内河航道的运力管理。

六是建立公平、健康、环境友好的"从农场到餐桌"的食品体系。欧盟委员会于2020年春发布《从农场到餐桌战略》，力求保持欧洲食品的安全、营养和高质量。《从农场到餐桌战略》要求食品必须以对自然影响最小的方式生产，并将农民和渔民作为改革的关键。《从农场到餐桌战略》将有助于建立"公众意识提升—食品生产系统更高效—存储和包装更科学—消费更健康/食物浪费更少—农业加工和运输更可持续"这个闭环的、从生产到消费的食品循环体系。《欧洲绿色新政》要求，从

2020年到2021年，欧盟委员会应基于《从农场到餐桌战略》对照检查原有的国家战略、计划和草案；在2021年采取包括立法在内的措施，以显著减少化学农药、化肥和抗生素的相关使用风险；在欧盟2021—2027年的预算中，应确保40%的农业政策有利于应对气候变化行动，30%的海洋渔业基金能够为气候目标做出贡献。

七是保护恢复生态系统和生物多样性。生态系统能够为人类提供食物、淡水、清洁空气和庇护所，有助于减轻自然灾害、减少病虫害并调节气候。《欧洲绿色新政》基于保护生态系统、保护生物多样性和应对气候变化之间的关系，提出3个方面的要求。在生物多样性方面，欧盟委员会于2020年3月出台《欧盟生物多样性2030年战略》，将在2020年10月举行的联合国生物多样性大会上提出保护生物多样性的全球目标，建议增加城市空间中的生物多样性，并从2021年开始围绕生物多样性丧失的主要因素综合施策。在森林保护方面，欧盟委员会将制定一项新的《欧盟森林战略》，开展植树造林和森林修复，改善森林质量，提高森林数量，以达到气候中和目标；从2020年开始，欧洲将采取措施支持无森林砍伐的价值链，鼓励那些不使出口国造成森林砍伐的进口，以尽量减少全球森林风险。在海洋保护方面，要求蓝色经济必须在应对气候变化中发挥核心作用，应充分利用海洋资源，挖掘藻类的价值，寻求新的蛋白质来源。

八是走向无毒、零污染的环境防治。《欧洲绿色新政》提出，将于2020年夏实施《可持续发展的化学品战略》，于2021年出台防治空气、水和土壤污染的《零污染行动计划》，还将于2021年修订有关大型工业设施污染治理的相关措施。《欧洲绿色新政》要求提高上市产品评价标准，将健康保护与增强全球竞争力更好地结合起来。在水污染治理方面，《欧洲绿色新政》要求保护湖泊、河流和湿地的生物多样性，依托《从农场到餐桌战略》,减少因营养过剩、微型塑料和药品滥用造成的污染。在大气污染治理方面,《欧洲绿色新政》要求根据世界卫生组织的要求审查欧洲空气质量标准,向地方政府提供支持,为市民提供更洁净的空气。在工业治理方面,《欧洲绿色新政》要求减少大型工业设施的污染。在化学品治理方面,《欧洲绿色新政》要求采用无毒的技术创新以保护公民免受危险化学品侵害,并开发可持续的替代品。

(三)《欧洲绿色新政》的主要特点

一是以气候目标为导向引领欧盟绿色转型。无论是《欧盟2020战略》中"3个20%"的目标,还是《欧盟2030气候与能源政策框架》中"到2030年温室气体排放比1990年减少40%,可再生能源占比提高到至少27%,提高能源利用效率30%"的目标,温室气体的减排目标主要与能源利用效率和可再生能源目标相耦合。但欧洲近10年的行动进展和目标落实进度证明,仅靠能源领域的措施和行动不足以完成原有的温室气体减排目标,更不要说将2030年的减排目标提高到50%~55%,以及到2050年成为全球第一个净零排放大洲、继续领军全球环境治理这个雄心目标了。因此,《欧洲绿色新政》从更广阔的视角入手,围绕2050年气候中和战略目标,提出了涵盖七大领域的减排路线图,覆盖了欧盟经济的所有重要领域,动用了政策、立法、金融、市场等多种工具,以撬动上千亿欧元的投资作为支撑,保证不让任何人掉队,实现全欧洲的绿色经济转型,为欧洲民众带来切实利益,力求保证欧洲在世界上的话语权和领导地位。

二是以《欧洲绿色新政》为抓手统筹可持续相关政策。《欧洲绿色新政》将绿色主线贯穿于从交通到建筑、从食品到农业、从工业到基础设施等领域可持续发展相关政策,并从时间到空间对绿色财政、税收、金融等政策做出全面部署。欧盟将于 2020 年年初提出一个公平的过渡机制，包括一个公平的过渡基金、一项可持续的欧洲投资计划。为了提高《欧洲绿色新政》的执行效率，欧盟委员会将从 2020 年开始，积极检查欧盟及其成员国在绿色预算上的执行情况，审查《非财务报告指令》，整合欧洲可持续发展的阶段性目标及其配套政策，围绕《欧洲绿色新政》提出的目标将欧盟委员会的所有倡议提上改革日程。所有利益相关方也应积极识别、修订与《欧洲绿色新政》相关的政策法规。欧盟委员会将于 2020 年秋修订《可持续金融战略》，于 2021 年 6 月前审查所有气候相关政策并提出修订建议，还将进一步修订完善《欧洲气候法》，批准一项更具雄心的适应气候变化新战略，以增加欧洲抵御气候变化的能力。

三是以提高力度为载体引领全球气候治理。《欧洲绿色新政》发布于马德里全球气候变化大会期间，产生了良好的全球影响。欧洲力求借助《欧洲绿色新政》继续谋求其在全球气候治理领域的领导地位。在欧盟成员国内部，欧盟委员会将在 2020 年 3 月前提出首部《欧洲气候法》，并出台《西巴尔干绿色议程》，以法治途径推进气候雄心目标，以契约精神推进应对气候变化行动合作，加强欧盟成员国之间关于《欧洲绿色新政》的绿色外交，确保欧盟成员国之间的政策与行动具有可比性。在欧盟成员国之外，《欧洲绿色新政》绝不仅是欧洲的，也是世界的。《欧洲绿色新政》明确提出，欧盟将在 2020 年提出《第八次环境行动方案》，继续主导国际气候变化和生物多样性谈判，通过开展双边外交促使合作伙伴采取行动。《欧洲绿色新政》还特别提到，为防止全球范围内因应对气候变化意愿和行动存在差异而导致的碳泄漏风险，欧盟委员会将进口商品价格与碳排放挂钩，在特定行业建立碳边境调节机制。

四是以保护气候为平台抢占人类道义制高点。欧盟委员会气候行动总司代表在《欧洲绿色新政》发布伊始即开展访华，在中国开展了专题宣介活动。欧盟已将《欧洲绿色新政》作为其气候外交的新主题，使之成为其强加于人类的道义制高点。例如，《欧洲绿色新政》中的《从农场到餐桌战略》规定，从第三国进口的食品必须符合欧盟的环境标准。再如，欧盟委员会将依据《欧洲绿色新政》从 2021 年开始审查欧洲所有国家的对外援助指南，特别是和环境、能源相关的对外援助指南。

总之，根据《欧洲绿色新政》提出的目标、路线和行动时间表（见表 7-5），欧盟将以应对气候变化为旗帜，从 2020 年开始采取一系列环境、能源、经济领域的变革。在全球经济复苏乏力和风云变幻的大背景下，《欧洲绿色新政》的后续落实情况值得密切跟踪、关注。

表 7-5　《欧洲绿色新政》的关键路线、行动时间表

路　　线	行动时间表
气候雄心	
出台首部《欧洲气候法》，将于 2050 年实现净零排放的目标纳入法律	2020 年 3 月
以负责的方式编制全面计划，将欧洲 2030 年的气候目标至少提高到 50%，并力争达到 55%	2020 年夏
在对《碳交易指令》《责任分担规则》《土地利用和土地利用变化条例》《森林条例》《能源利用效率指令》《可再生能源指令》《轿车和厢式货车二氧化碳排放许可标准》进行评估的基础上，提出修订相关法律措施的建议，以提升气候雄心目标	2021 年 6 月
提出修订《能源税指令》的建议	2021 年 6 月
对选定的部门提出碳边境调整机制	2021 年
《欧盟适应气候变化战略》	2020—2021 年
清洁的、可负担得起的、安全的能源	
评估《国家能源气候计划》	2020 年 6 月
《智能产业整合战略》	2020 年
建筑业的"革新浪潮"倡议	2020 年
对泛欧能源网的相关规则进行评估	2020 年
《海上风电战略》	2020 年

续表

路　　线	行动时间表
面向清洁生产、循环经济的工业战略	
《欧盟工业战略》	2020年3月
《循环经济行动计划》，包括一项关于可持续产品的倡议，特别关注纺织、建筑、电子和塑料等资源密集型行业	2020年3月
在能源密集的工业部门采取利于气候中性和产品循环的市场激励措施	从2020年开始
提出建议，以实现炼钢过程到2030年零排放	2020年
制定《电池法》，以支撑电池和循环经济的战略行动计划	2020年10月
开展关于废物处置的立法	从2020年开始
发展可持续和智能的交通	
《可持续和智能交通战略》	2020年
筹集资金用于部署公共充电桩和加油点，作为开展替代燃料的基础设施建设的一部分	从2020年开始
在不同运输方式下，促进生产和供应具有可持续性的替代燃料，并评估相关的立法选择	从2020年开始
提出修订《联合运输指令》的提案	2021年
评估《关于化石燃料替代的基础设施指令》和《泛欧交通网条例》	2021年
改善并更好地管理铁路和内河航道的运力	从2021年开始
提高内燃机车的空气污染物排放标准的提案	2021年
绿色的共同农业政策／《从农场到餐桌战略》	
基于《欧洲绿色新政》和《从农场到餐桌战略》的雄心目标，对照检查国家战略、计划和草案	2020—2021年
发布《从农场到餐桌战略》	2020年春
采取包括立法在内的措施，以显著减少化学农药、化肥和抗生素的使用风险	2021年
维持和保护生物多样性	
《欧盟生物多样性2030年战略》	2020年3月
围绕生物多样性丧失的主要因素采取措施	从2021年开始
新的《欧盟森林战略》	2020年
采取措施支持无森林砍伐的价值链	从2020年开始
走向无毒、零污染环境的雄心	
《可持续发展的化学品战略》	2020年夏
防治水、空气和土壤污染的《零污染行动计划》	2021年
修订相关措施，以应对大型工业设施的污染	2021年

续表

路　线	行动时间表
将可持续发展理念纳入所有欧盟政策	
提出一个公平的过渡机制，包括一个公平的过渡基金、一项可持续的欧洲投资计划	2020 年 1 月
修订《可持续金融战略》	2020 年秋
将可持续发展理念纳入所有欧盟政策	
审查《非财务报告指令》	2020 年
积极检查欧盟及其成员国在绿色预算上的执行情况	从 2020 年开始
审查所有的国家对外援助指南，特别是和环境、能源相关的对外援助指南	2021 年
为实现《欧洲绿色新政》目标，将欧盟委员会的所有倡议提上改革日程	从 2020 年开始
为提高《欧洲绿色新政》的执行效率，利益相关方应识别并修订其他相关立法	从 2020 年开始
整合欧洲阶段性的可持续发展目标	从 2020 年开始
欧盟作为全球领导者	
欧盟将继续主导《联合国气候变化框架公约》和《联合国生物多样性公约》，进一步加强国际环境法律框架	从 2019 年开始
加强欧盟成员国之间在《欧洲绿色新政》上的外交合作	从 2020 年开始
通过双边努力以促使合作伙伴采取行动，并确保政策与行动具有可比性	从 2020 年开始
《西巴尔干绿色议程》	从 2020 年开始
共同努力——欧洲气候契约	
启动《欧洲气候法》	2020 年 3 月
提出《第八次环境行动方案》	2020 年

二、《德国联邦气候保护法》的立法动因、主要特点及对中国的启示[1]

2019 年 11 月 15 日，德国联邦议院通过了《德国联邦气候保护法》，通过立法确定了德国到 2030 年温室气体排放比 1990 年减少 55%，以及到 2050 年实现净零排放的中长期减排目标，兑现了时任德国总理默克尔在 2018 年 12 月联合国卡托维兹气候变化大会闭幕式上关于"通过立

---

[1] 本标题下内容由田丹宇和徐华清研究员合作撰写。

法展现雄心"的承诺。《德国联邦气候保护法》将德国联邦减排目标在能源、工业、建筑、交通、农林等部门进行了目标分解，规定了部门减排措施、减排目标调整、减排效果定期评估的法律机制。德国采用的总量控制、部门分解、地方先行的立法模式，值得中国学习借鉴。

（一）《德国联邦气候保护法》的立法动因分析

1. 《德国联邦气候保护法》的立法环境与条件

德国政体分为联邦和州两个层级，联邦和16个州均有立法权，立法过程成熟、规范。

德国立法所需外部环境主要分4类：一是直接适用更高层级的立法，如欧盟层级的法规已经规定好的，不需要转为国内法，德国就可以直接执行；二是涉及国家主权的立法，如外交、国防、核安全、国家交通战略等，全部由德国联邦负责；三是涉及各地区具体发展的立法，全部由州级立法机构负责，如建筑领域的立法几乎百分之百都是由州级立法机构负责；四是联邦和州都有立法权，凡是宪法有规定而联邦没有立法的主题，各州都可以独立开展立法。

德国环境领域的立法很大比例是联邦层级的立法，但由于环境保护涉及范围很广、具体情况复杂，德国16个州在宪法改革后均获得了环境立法权，《北莱茵威斯特法伦州气候保护促进法》《巴登符腾堡州气候保护法》等4个州级气候保护法规相继出台。由于执法权主要在各州政府，德国联邦在开展气候保护法立法过程中需要充分尊重各州政府的意见。

2. 《德国联邦气候保护法》的立法驱动因素

德国作为大陆法系国家代表，在《德国联邦气候保护法》出台之前，已经制定了促进能源转型、低碳发展和应对气候变化的一系列战略、规划和行动计划。与1990年相比，德国2016年在实现经济增长39%的同时，温室气体排放也减少了27%，表明德国经济增长已经与温室气体排放脱钩。但是，德国近年来开展的温室气体减排评估结果显示，由于原有的气候战略和规划开展的行动力度有限，政策性的减排目标因缺乏强制约束力预期难以完成，这最终促使德国下定决心开展气候保护立法。

2018年，德国总理默克尔在联合国卡托维兹气候变化大会闭幕式上正式对外宣布德国要开展联邦气候保护立法，以展示其强化减排目标与行动的雄心。德国联邦环境、自然保护与核能部分别于2018年2月和10月就《德国联邦气候保护法（草案）》公开征求意见，并于2018年12月联合国卡托维兹气候变化大会召开前正式获得了德国联邦议院的批准。

3. 《德国联邦气候保护法》的立法模式

《德国联邦气候保护法》的立法过程最终选择了先制定气候行动计划以框定目标、取得共识，后通过联邦气候保护立法以增强法律约束力的气候治理路线。德国联邦在气候保护立法之前，已经根据《巴黎协定》和《欧洲治理条例》制定了《气候保护计划》，即国家长期减排战略。德国联邦政府负责对《气候保护计划》进行定期更新，在更新过程中需要与各州政府、地方政府、部门协会、社会组织和公众进行协商。《气候保护计划》首次更新于2019年进行，其后每次更新均要通过一份《气候措施方案》。德国联邦政府将在气候保护预测报告基础上，在《气候措施方案》中确定要采取哪些措施来达到各部门的气候保护目标。各主管部门应在《气候保护计划》更新后6个月内提出措施建议。德国联邦环境、自然保护与核能部负责评估所建议措施的预期减排效果。

德国巴登符腾堡州则采用了《巴登符腾堡州气候保护法》和《巴登符腾堡州能源和气候保护计划》齐头并进的模式。德国巴登符腾堡州环境、气候保护和能源部在科学论证的基础上负责《巴登符腾堡州气候保护法》的法律草案起草和《巴登符腾堡州能源和气候保护计划》的制定。其中，《巴登符腾堡州气候保护法》是一个框架性的法律；而《巴登符腾堡州能源和气候保护计划》更具体、可操作性更强，其将减排目标在交通、工业等部门进行分解，并提出实现目标的具体措施。在《巴登符腾堡州气候保护法》出台一年后，《巴登符腾堡州能源和气候保护计划》也在州议会讨论后由州政府决定实施，并确定每5年进行一次修订。

（二）《德国联邦气候保护法》的主要特点

1. 确定有力度的中长期减排目标

2018年12月发布的《欧洲治理条例》确定了欧洲现行能源与气候保护治理体系。2018年5月发布的《欧洲气候保护条例》对欧盟成员国确定了具有法律约束力的2021—2030年减少温室气体排放的年度目标，以履行《巴黎协定》的义务。德国有义务遵守《欧洲气候保护条例》，并根据本国的实际情况提出更高的减排目标。德国某些州也提出了高于德国联邦的减排目标。

《德国联邦气候保护法》的核心目标是："到2030年温室气体排放比1990年减少55%，到2050年实现净零排放，并且目标只能提高，不能降低。"这些刚性目标是严格按照国际法义务分解下来的，《德国联邦气候保护法》围绕目标的分解、落实来安排法律条款，将目标纳入法律，有助于落实责任、传导压力，建立减排目标责任制及倒逼机制，促进相关部门采取减缓气候变化行动以确保减排目标的实现。

2. 确立有一定灵活性的部门目标及调整机制

根据德国已有的温室气体减排进展评估结果和《德国联邦气候保护法》的规定，德国联邦 2018 年温室气体排放与 1990 年相比已经完成了减排 30.6% 的目标，而法律规定的目标是到 2030 年减排 55%。法律规定的德国各主要部门温室气体排放与 1990 年相比的减排进展和中期目标分别为：能源部门在 2018 年已完成减排 33.4%，目标是到 2030 年减排 61%～62%；建筑部门在 2018 年已完成减排 44%，目标是到 2030 年减排 66%～67%；交通部门在 2018 年已完成减排 0.9%，目标是到 2030 年减排 40%～42%；工业部门在 2018 年已完成减排 30.7%，目标是到 2030 年减排 49%～51%；农业部门在 2018 年已完成减排 18.8%，目标是到 2030 年减排 31%～34%；废物管理及其他领域在 2018 年已完成减排 75%，目标是在 2030 年减排 87%。《德国联邦气候保护法》还规定，国家公共机构要发挥示范作用，在制定规划、决策及政府采购时应考虑应对气候变化目标。到 2030 年，德国联邦行政部门应以气候中性的方式组织工作，德国联邦政府应与各州政府开展经验交流活动，支持各州政府研究提出其责任范围内的类似规定。

《德国联邦气候保护法》规定，德国联邦政府有权在无须获得联邦议院同意的情况下调整各部门的排放目标。德国联邦各主管部门具有完成相应减排目标的法定职责，各部门应在和地方政府、行业协会和公众协商后，制定本部门的具体减排措施，按时序完成本部门的减排目标。《德国联邦气候保护法》规定，减排目标在完成过程中具有一定的灵活性，可以根据低碳技术发展、国际碳市场变化等因素进行微调，也可以在部门之间进行抵消。从 2020 年开始，德国大部分剑指 2030 年减排目标的部门减排措施将开始付诸实施，由德国气候变化委员会负责评估各部门的减排目标进展和减排措施实施情况。

3. 成立独立的气候问题专家委员会

《德国联邦气候保护法》规定设立一个跨学科的气候问题专家委员会，由 7 名专业人士组成，分别由环境问题专家委员会、全球环境变化科学顾问委员会、可持续发展专家委员会、消费者问题专家委员会、总体经济发展评估专家委员会提名，由德国联邦议院任命，女性和男性名额相等，任期为 5 年并可再获得一次任命。气候问题专家委员会的议事规程需要由德国联邦议院批准，负责以《德国联邦气候保护法》为依据独立工作，设立一个办事处，由德国联邦政府按照联邦预算承担费用。气候问题专家委员有权因履职查阅德国联邦公共机构必要的数据，开展气候保护项目研究，可以组织与气候相关的法律草案的起草、听证和询问。

气候问题专家委员会的职责为，审查现有及计划中的气候保护措施对于实现德国和欧洲气候保护目标，以及《巴黎协定》目标是否有效。气候问题专家委员会每年 12 月向德国联邦议院递交一份审查报告，对德国气候保护进展进行评估并提出建议。审查报告应包括：科学评估现有、计划中的气候保护措施，温室气体排放量的实际变化和预期变化，预判气候保护目标完成情况；为达到规定的气候保护目标，现有的温室气体年排放目标是否适当；考虑生态、社会和经济发展因素，为实现气候保护目标必须采取哪些额外的措施和手段。气候问题专家委员会还负责研究气候保护政策，向德国联邦议院和德国联邦政府提出政策建议。德国联邦政府在修订气候保护目标、修改温室气体年排放目标、更新气候保护计划前应征求气候问题专家委员会的意见。

4. 规定年度进展报告和每两年预测报告制度

参照 2014 年 6 月《欧洲气候报告条例》明确的成员国向欧盟报告排放相关信息的结构、格式、递交程序、审查方式等要求，《德国联邦气候保护法》规定，德国联邦政府每年编写气候保护报告，包含不同部门温室气体排放量变化的最新趋势，以及气候保护措施方案和应急方案的实施情况，预测温室气体减排目标的完成进展。德国联邦政府每年 6 月 30 日前向德国联邦议院呈交上年度的气候保护报告。

德国联邦政府从 2021 年起每两年编写一份《欧洲治理条例》规定的气候保护预测报告，并于 3 月 31 日前向联邦议院呈交。气候保护预测报告应包含：对温室气体排放情况的预测，土地利用变化和林业部门的温室气体排放情况，国家温室气体减排的政策措施。在编写气候保护预测报告时，应充分考虑气候问题专家委员会的意见和建议。气候保护预测报告应纳入由德国联邦经济和能源部及德国联邦环境、自然保护与核能部协商制定的国家综合进度报告中。

（三）《德国联邦气候保护法》对中国的启示

当前《巴黎协定》及其实施细则已进入实质性实施阶段，通过法治建设推动应对气候变化治理进程，维护国家利益和国际形象，提升治理体系和治理能力现代化，已成为许多国家的共识。中国应借鉴国际应对气候变化立法经验，通过立法尽快明确应对气候变化的主要目标和核心制度，推动应对气候变化尽快走上法制化轨道。

一是以应对气候变化立法提升中长期减排目标的强制性和约束力。德国在开展德国联邦气候保护立法前，试图仅以行动计划的形式制定中长期减排目标并督促目标落实。行动计划主要对各部门采取激励性措施推进减排，但自 2014 年以来德国开展的减排目标进展评估显示，2020 年的减排目标难以实现。在巴黎气候变化大会前，德国为了确保 2050 年的长期减排目标，增加了 109 项行动措施。在 2016 年联合国马拉喀什气候变化大会前，德国国内对于开展单独的应对气候变化立法仍未达成共识。在 2018 年联合国卡托维兹气候变化大会前，德国国内认识到在既有减排路径下难以实现德国的原定减排目标，于是正式启动了德国联邦气候保护立法进程。

中国在 2015 年提交联合国的《中国国家自主贡献文件》中明确提出了"到 2030 年左右二氧化碳排放量达到峰值，并争取尽早达到峰值"的目标。目前，中国正在研究提出 21 世纪中叶温室气体低排放长期发展战略，并计划于 2020 年下半年按要求提交联合国气候变化公约秘书处。在开展应对气候变化立法过程中，中国应该努力将这些重大战略目标纳入法律，通过国家法律的强制力保障目标的实现。

二是在应对气候变化立法过程中最大限度地凝聚利益相关方共识。德国联邦气候保护立法过程是通过科学、规范的程序使各利益相关方达成共识的过程。德国联邦政府内部的立法参与过程分为非正式和正式两种。"非正式参与过程"是在德国联邦政府内部进行的，主要包括：邀请各利益相关部门充分讨论；将草案抄送相关部门会签形成共识；各部门之间就法律草案进行平衡；形成德国联邦政府内部各部门已经协调好的法律草案。"正式参与过程"是指法律草案在德国联邦政府正式提交到德国联邦议院之前所要开展的立法工作，主要包括：征求利益相关方的意见；举行听证会，近几年还增加了网上公开征求立法意见的形式；对法律草案意见、建议进行整理和消化吸收；将草案提交"立法复审委员会"进行再次审查。同时，德国联邦政府在气候保护立法过程中非常注重公众参与和信息公开，以了解各利益相关方对法律草案的态度，并及时化解可能产生的社会阻力。

中国在开展应对气候变化立法及重大制度、重要政策制定过程中，也应本着信息公开、公众参与、群众监督的原则开门立法，广泛听取地方政府、企业和公众代表、社会团体的意见和建议,最大限度地推动形成社会共识,有效减小立法阻力,从而推进应对气候变化立法进程。

三是在应对气候变化立法后应建立定期跟踪报告与评估机制。应对气候变化相关政策法规要具有一定的前瞻性。为了保证应对气候变化政策的有效性,除法律规定的每年进展报告和每两年预测报告外,德国联邦政府还规定了每 5 年一次的报告和政策评估制度。德国联邦政府相关部门需要分别向德国联邦议院、"行动大联盟"和气候变化主管部门提交气候政策实施情况报告。德国联邦议院根据气候报告评估结果,对中长期气候政策进行修订。

中国实施积极应对气候变化的国家战略,有必要结合国家重大战略、重大规划、重大政策、重大改革、重大项目后评估制度,尽快建立应对气候变化重大战略规划与政策法规定期报告与评估制度,按要求及时对应对气候变化重大战略目标、重大政策行动实施进展及预期效果进行报告和评估,并要求地方政府对应对气候变化战略与法规、低碳发展规划、促进条例等开展评估与检查,只有这样才能更好地发挥战略规划的导向作用和政策法规的保障作用。

三、法国《绿色增长和能源转型法》的经验及启示

2017 年 11 月,法国总统马克龙在联合国波恩气候变化大会上高调宣布"弃煤",声明将于 2021 年关闭法国境内所有燃煤电厂,提出应对气候变化时不我待,所有国家都应加快推进能源转型,并承诺帮助因美国宣布退出《巴黎协定》而陷入资金荒的政府间气候变化委员会渡过难关。法国总统马克龙能有底气进行此鼓舞人心的发言,其中一个很重要的原因是有 2015 年法国颁布的《绿色增长和能源转型法》作为法治保

障和资金保障。

（一）法国《绿色增长和能源转型法》的立法目的

1. 促进法国国内绿色增长

法国的能源结构早期以水电、煤炭和石油为主。为应对世界石油危机，法国政府从 1974 年开始大力发展核能，并于 1979 年实现碳排放总量达到峰值（世界银行，2017）。近年来，受德国"弃核"、日本福岛核事件、中东政局动荡等多重因素影响，法国确定了绿色增长的能源转型战略，并在其发布的《绿色增长和能源转型法》的《序言》中阐明，"我们今天使用的大部分能源都是污染的、昂贵的、不可再生的化石能源。能源转型旨在为法国后石油时代确定新的、更加稳定的、可持续的能源发展模式，以应对能源供应紧张、油价攀升、资源枯竭、环境保护带来的挑战。""在不影响经济增长的情况下，设定法国能源转型的路线图。"

2. 构建欧盟低碳、安全、高效的现代能源体系

2015 年，欧盟的一次能源消费总量达到 23.32 亿吨标准煤，在全球仅次于中国和美国，能源进口依存度为 55%（汉斯·威廉·希弗，2016）。根据欧盟委员会预测，到 2020 年欧盟将有超过 90%的石油和 70%的天然气依靠进口（Commission of the European Communities，2006），其主要能源进口国俄罗斯和中东地区政治格局的不确定性增加了欧洲能源供应的危机感。为了提高能源安全,欧盟通过了《2020 气候与能源法案》和《2030 年气候与能源政策框架》,提出建立欧洲能源联盟以改善内部能源利用,提高对短期能源供应中断的应对能力,建立低碳能源体系（汉斯·威廉·希弗，2016）。在欧盟成员国内部，通过开展国家立法促进绿色增长与能源转型已成为主要国家的共识。英国于 2008 年出台的《英

国应对气候变化法》通过逐步实施碳预算制度，实现了 2015 年煤炭发电同比下降 7.1%；德国 2000 年通过的《可再生能源法》（王彩霞，2016）为其实现中长期减排目标及落实"弃核"政策提供了法律保障；法国 2015 年出台的《绿色增长和能源转型法》强化了法国核安全管理局的职责，提高了存储核废料的标准和公众关于核安全的信息透明度，为实现弃煤、控核，以及建立低碳、安全、高效的现代能源体系进行了立法布局。

3. 引领全球气候治理

2017 年 11 月，法国总统马克龙在联合国波恩气候变化大会上呼吁欧盟应该在美国"退群"后承担更多责任，并宣布法国将于 2020 年 12 月在巴黎组织一次国际气候变化峰会，邀请"群内"代表对《巴黎协定》实施情况进行盘点。他的讲话充分体现了法国试图"由欧盟取代美国引领全球气候治理，由法国取代德国引领欧盟气候治理"的野心。法国作为《巴黎协定》的东道国，有意在推进《巴黎协定》落实过程中，继续发挥其在促进《巴黎协定》签署和生效过程中的引领作用。法国的《绿色增长和能源转型法》于 2013 年由法国政府体系中职责权重较高的环境、能源和海洋部起草，经法国议会反复、激烈讨论并广泛征求公众意见后，抓住 2015 年主办巴黎气候变化大会的契机，于 2015 年 8 月 17 日正式颁布。从法国《绿色增长和能源转型法》的法律内容[1]和立法时机可以看出，法国通过推进国内绿色增长和能源转型，试图引领全球气候治理立法。

---

[1] 法国《绿色增长和能源转型法》共 8 章 215 条，分别为《序言——挑战》、第 1 章《目标》、第 2 章《建筑用能改造》、第 3 章《发展清洁交通》、第 4 章《反对浪费，发展循环经济》、第 5 章《发展可再生能源》、第 6 章《加强核安全和信息透明度》、第 7 章《精简可再生能源审批程序》、第 8 章《促进公众参与》。

（二）法国《绿色增长和能源转型法》的法治构建

1.《绿色增长和能源转型法》的核心目标

2017年11月，法国总统马克龙在联合国波恩气候变化大会上高调宣布"弃煤"并非空穴来风，法国《绿色增长和能源转型法》明确提出了降低温室气体排放、降低能源最终消费总量、降低化石能源占比、发展可再生能源、垃圾循环利用和控制核能的六大目标（见表7-6），依法构建了法国绿色增长与能源转型的时间表。

表7-6 法国《绿色增长和能源转型法》的核心目标

序号	内容	年份	目标
1	温室气体	2030年	到2030年将温室气体排放降低到1990年水平的40%
2	能源最终消费总量	2050年	到2050年将能源最终消费总量降低到2012年水平的一半
3	化石能源	2030年	化石能源消费到2030年降低到2012年水平的30%
4	可再生能源	2030年	到2020年将可再生能源占一次能源的消费比重增长到23%；到2030年增长到32%
5	垃圾	2025年	提高垃圾循环利用效率，垃圾填埋总量到2025年减至目前的一半
6	核能	2025年	到2025年将核能的占比降低50%

2. 法国《绿色增长和能源转型法》的主要路径

（1）开展建筑用能改造。

根据国际能源署的数据，2015年法国建筑领域碳排放量为0.4亿吨，约占法国碳排放总量的14%。《绿色增长和能源转型法》第2章用31条款项规定了如何降低建筑领域用能总量、降低温室气体排放及增加就业机会。《绿色增长和能源转型法》明确提出了法国建筑领域的能源转型目标是，"从现在起到2020年将建筑领域的用能总量降低15%，新创造7.5万个就业机会。"《绿色增长和能源转型法》明确提出了为实现建筑用能改造需要采取的强制措施包括：自法律生效之日起到 2017 年，每年对 50 万个既有建筑进行节能改造；新建建筑要执行强制节能措施；所有建筑到 2050 年要全部符合《法国低能耗建筑标准》。

（2）发展清洁交通。

根据国际能源署的数据，2015 年法国交通领域碳排放量为 1.2 亿吨，约占法国碳排放总量的 42%。因此，交通领域是法国重要的温室气体排放源和大气污染源。法国《绿色增长和能源转型法》第 3 章用 30 条款项明确规定了如何发展清洁交通，以改进空气质量并保护公民健康。发展清洁交通的主要措施包括：采取积极的大气污染防治措施，减少对碳氢化合物的依赖；加速停车场改造；以低排放的交通工具替代卡车、大客车和大型公共汽车等运输工具；到 2030 年在法国建立 700 万个电动车充电点。

（3）促进循环经济发展。

法国《绿色增长和能源转型法》第 4 章用 35 条款项规定了反对浪费、促进产品循环使用、使经济增长与物质消费相平衡等循环发展要求。《绿色增长和能源转型法》提出的循环经济发展目标为：到 2020 年使生产过程产生的废料减少 10%；到 2020 年实现 55% 的废料无害化循环利用，到 2025 年将这一比例提高到 65%；到 2020 年将 70% 的建筑废料提升到可利用水平；到 2025 年将核能的占比降低 50%。

（4）发展可再生能源。

为了充分开发、利用法国本土和法属海外领土的可再生能源，《绿色增长和能源转型法》第 5 章用 19 条款项规定了发展可再生能源应采取的措施。一是实施"多项许可合一"改革，即在法国使用唯一的许可证用于审批"使用风电机组、铺设天然气管道、安装水利设施"等许可事项。这简化了可再生能源审批手续，降低了可再生能源开发门槛。二是加强可再生能源基础设施建设。在《绿色增长和能源转型法》实施两年间，法国共安装了 1500 条天然气管道，这有助于更好地从农业废弃物中提取生物质能源；安装了更多的光伏发电设施；进一步加强了水利设施的现代化管理水平。三是实施激励政策。《绿色增长和能源转型法》鼓励积极开发海上可再生能源项目，促进电力系统推广使用可再生能源新技术，动员公众积极投资小规模的可再生能源项目。

3. 法国《绿色增长和能源转型法》的保障措施

（1）政策保障。

为了保障《绿色增长和能源转型法》的六大目标如期落实，《绿色增长和能源转型法》规定了多项能源转型政策。一是实施《国家低碳战略》（SNBC），印发了《法国国家碳预算和国家低碳战略》[1]，建立了碳预算制度（见表 7-7）。二是实施《长期能源规划》（PPE），采取提高能源利用效率、节能、发展可再生能源、保障能源网络安全等措施，以实现《绿色增长和能源转型法》提出的各项能源转型目标，促进绿色增长。《长期能源规划》第一阶段试行期为从法律生效至 2023 年，适用于法国国内和法属海外领土。三是实施《降低大气污染的国家方案》（PREPA），建立一套改善空气质量的措施，以应对来自经济发展和人体健康方面的挑战。《降低大气污染的国家方案》在启动后将每 5 年进行一次评估和修订。四是修订《气候、大气、能源领域计划》（PCAET），其在法国原有的《气候与能源计划》（PCET）中增加了关于保护空气质量的措施，需要定期跟踪实施进度。

---

[1]《法国国家碳预算和国家低碳战略》由法国政府"生态、可持续发展和能源部""财政和公共预算部""劳动和社会保障部""农业、食品和森林部""经济、工业和核工业部""住房、国土平等和农村部""海外部"于 2015 年 11 月 18 日联合印发。

表 7-7　法国主要部门碳预算分配表[1]

单位：百万吨二氧化碳当量

部　　门	2013 年	第一期碳预算（2015—2018 年）	第二期碳预算（2019—2023 年）	第三期碳预算（2024—2028 年）
碳排放交易纳入管理部门（不包括国际航空排放）	119	110	待定	待定
其他部门	373	332	待定	待定
所有部门合计	492	442	399	358

（2）资金保障。

法国《绿色增长和能源转型法》中提出了多项鼓励绿色增长和能源转型的激励措施。

一是实施《能源转型补贴》（RGE）。在建筑节能改造中，业主或租户只要持有环境担保证书，就可以获得最高 3 万欧元的资金支持，用于包括安装分户计量器、隔热墙、屋顶改建等方面的首次改造活动。据测算，这项补贴能够向申请者返还节能改造工程资金的 30%。

二是政府提供低息贷款。由法国国家投资银行为可再生能源项目投资者提供总额达每年 8 亿欧元的低息贷款。自 2014 年 8 月 1 日起，法国政府已拿出 50 亿欧元为能源转型项目提供低息贷款，计划通过实施 10 万个信贷项目，撬动每年 20 亿欧元的能源改造工程。

三是成立专项基金。该专项基金主要用于支持地方公共部门组织的项目，包括建筑用能改造、清洁交通和可再生能源发展等领域，资金来

---

[1] 引自《法国国家碳预算和国家低碳战略》，参见法国政府法律文库网：https://www.legifrance.gouv.fr/affichTexte.do?cidTexte=JORFTEXT000031493783&categorieLien=id，最后访问日期 2017 年 12 月 9 日。

源于法国银行的现金储蓄存款，最高可达 50 亿欧元。

四是发行绿色债券。《绿色增长和能源转型法》基于法国未来低碳转型需要长期资金支持的判断，在肯定国内许多大型机构和企业发行绿色债券的同时，提出要对境内的小微能源项目提供资金支持。

五是实施差别电价。为提高能源系统的稳定性，《绿色增长和能源转型法》提出使用新的电价计算方式——"能源支票"制度，对常年具有稳定和可预期用电量的重点用电企业，由于其对稳定国家电网具有贡献，可享受优惠电价。"能源支票"制度自 2016 年起试行，到 2018 年推广普及。

（3）执法保障。

一是法国原有关于气候变化、大气污染防治、能源等领域的相关政策、规划和方案，均应在《绿色增长和能源转型法》生效后据其进行修订。《绿色增长和能源转型法》还规定要精简下位阶的规章和条例，及时对相关领域法律进行修订，并废除不再适用的法律。

二是《绿色增长和能源转型法》提出，能源转型的关键在于终端用能企业和个人，要赋予全国公民、企业共同参与能源转型的权利，广泛动员公众参与各项能源规划的制定和实施过程。

三是为提高执法效率，《绿色增长和能源转型法》列出了缩短诉讼期限、限制上诉延期、明确人员责任等执法要求。

（三）法国绿色增长和能源转型的困难与挑战

尽管法国在绿色增长和能源转型问题上目标鲜明、雄心勃勃，但 2017 年法国总统马克龙在联合国波恩气候变化大会讲话时也提到，欧盟各成员国在落实减排措施和保障气候资金方面需要克服诸多困难，能源转型并非易事。法国绿色增长和能源转型主要面临以下困难与挑战。

1. 法国绿色增长和能源转型道阻且长

除水电和核电外，法国本土的能源禀赋极为匮乏。2015年法国煤炭进口量约1430万吨，是欧盟煤炭的主要进口国之一。德国自2011年实施"弃核"政策以来，燃煤产生的碳排放量在2012年、2013年均出现反弹，于2014年、2015年才开始回落。法国在联合国波恩气候变化大会上提出，到2021年关闭境内所有燃煤电厂。《绿色增长和能源转型法》明确提出，到2025年将核能的占比降低50%，即同时推进"控核"和"弃煤"。这将导致法国在短期内对可再生能源的需求骤升，对能源基础设施、资金投入等方面造成较大压力。据国际能源署的数据，2015年法国燃料燃烧的碳排放总量为2.9亿吨，其中，燃煤的碳排放量占11%，且燃料燃烧的碳排放总量和燃煤的碳排放量与2014年相比均有小幅上涨。《绿色增长和能源转型法》提出的"到2050年将能源最终消费总量降低到2012年水平的一半"的长期目标，以及2017年法国总统马克龙在联合国波恩气候变化大会上宣布的"弃煤"目标能否实现，道阻且长。

2. 构建欧盟低碳、安全、高效的能源体系需要资金保障

2017年，法国总统马克龙在联合国波恩气候变化大会上号召欧盟各成员国政府、公共和私营部门加快行动，为应对气候变化和推进能源转型提供资金保障，但呼者切切，应者寥寥。欧洲经济复苏乏力，关闭燃煤电厂、上马CCS技术设施，以及建立可再生能源生产设施均需要充足的资金支持。尽管法国《绿色增长和能源转型法》对信贷、基金、税收、价格、债券等多个方面进行了立法规定，激励各类主体参与国家绿色增长和能源转型，但在法律执行过程中仍要妥善解决煤电和核电行

业新增失业、强化企业发展可再生能源意愿、改变居民既有用能习惯等诸多挑战。法国能源转型面临的困难，从其国内2018年爆发的"黄马甲"运动可见一斑。

3. 引领全球气候治理应承担更多的气候资金责任

2017年，法国总统马克龙在联合国波恩气候变化大会上只做出了对《国际气候变化计划》（IPCC）的资金承诺，涉及的资金量并不大，而对发展中国家更加关心的1000亿美元的长期资金预期并无解决方案。《绿色增长和能源转型法》中对资金保障方面的相关规定均局限在法国国内，对如何履行国际气候公约义务、承担更多国际气候责任存在立法空白。法国总统马克龙2017年提出由欧盟取代美国领导国际气候治理，既需要欧盟其余成员国的积极响应和行动，也需要法国国内对履行国际资金义务进行立法规定。

（四）法国《绿色增长和能源转型法》对中国的启示

党的十九大报告在参与、贡献和引领应对气候变化国际合作、构建清洁低碳的能源体系、加强国家安全法治保障等方面提出了新的要求。

"工欲善其事，必先利其器。"法国通过开展国内立法，为2017年法国总统马克龙在联合国波恩气候变化大会上展现其气候领导力奠定了坚实的法律基础，对中国具有一定的启示意义。

1. 通过立法赋予目标法律地位

法国《绿色增长和能源转型法》设定了"到2030年将温室气体排放降低到1990年水平的40%"等绿色增长和能源转型的六大核心目标。赋予这些核心目标法律地位，能够借用国家机器的强制力提升核心目标的地位和实现力度，并能够成为对政府管理部门和重点排放企业未完成目标的追责依据。

中国在《中国国家自主贡献文件》《国民经济五年发展规划》和《应对气候变化专项规划》中，均明确提出了碳排放峰值目标和中长期温控目标。在开展国家应对气候变化立法过程中，中国应首先考虑将这些目标纳入立法，以通过法律的强制力保障目标的落实。

2. 通过立法明确财税激励措施

法国为了增加《绿色增长和能源转型法》的可操作性，明确提出了资金补贴、税收减免、贷款优惠、专项基金、绿色债券融资的资金保障渠道，明确规定了资金数量、资金来源和资金使用方式，为其提出的能源转型目标提供了强有力的保障和激励。

中国正在着力建立健全绿色金融体系，发挥资本市场优化资源配置、服务实体经济的功能，支持和促进生态文明建设。在《应对气候变化法》立法过程中，中国应对"激励措施"给予充分的关注，充分利用绿色信贷、绿色债券、绿色发展基金、绿色保险、碳金融等金融工具为绿色增长和能源转型服务，依法构建有利于应对气候变化的资金保障体系。

3. 通过绿色增长和能源转型立法保障国家安全

党的十九大报告将气候变化定位于人类共同面临的非传统安全威胁，将全面依法治国作为国家治理的一场深刻革命，提出要"健全国家安全体系，加强国家安全法治保障，提高防范和抵御安全风险能力"。推进能源生产和消费革命，构建清洁、低碳、安全、高效的能源体系有利于加强国家能源安全；推进国内应对气候变化领域的立法进程，正是通过加强法治建设保障国家安全、贯彻落实党的十九大精神的重要举措。

第三节　美洲应对气候变化的立法研究[1]

一、美国应对气候变化的立法情况

（一）美国气候法治的战略定力不足

按照美国《宪法》的规定，只有美国国会才享有缔结条约的权力，所缔结的条约与美国国会制定的联邦法律处于同等地位。历史上，美国总统威尔逊曾亲自参加第一次世界大战后的巴黎和会，并签署了《凡尔赛和约》，但是由于美国参议院没有批准，美国最终未能成为《凡尔赛和约》的当事国和国际联盟的会员国。在应对气候变化方面，美国曾经出现过布什总统上任后以国会未批准为由，推翻了前任政府的立场，退出《京都议定书》的先例。

值得注意的是，美国曾经是推进全球应对气候变化进程的领军国家，中美两国领导人通过《气候变化联合声明》的方式极大地推进了国际应对气候变化进程。中美两国领导人于2016年在杭州共同交存《巴黎协定》批约文书，为《巴黎协定》的顺利生效起到助推作用。但是，美国2016年加入《巴黎协定》是通过时任美国总统奥巴马的"总统决定"的

---

[1] 作者有幸于2015年7月随国家应对气候变化考察团一同赴美国、墨西哥进行立法交流，并与中国政法大学于文轩教授合作发表了《美国和墨西哥应对气候变化及其借鉴意义》[见《江苏大学学报（社会科学版）》，2016（2）]。本节内容主要基于此次出访的考察成果。本节美国、墨西哥应对气候变化立法部分由田丹宇和于文轩教授合作撰写。

形式进行的,并没有经过美国国会批准,理由是《巴黎协定》是《联合国气候变化框架公约》下的协议,既然美国国会已经批准了这个公约,《巴黎协定》就无须再提交美国国会批准。因此,在美国国会试图制定专门应对气候变化的《清洁能源与安全法案》未果,以及奥巴马政府推行的《清洁电力计划》搁浅的情况下,现任美国总统特朗普上任后宣布退出《巴黎协定》,以及退出应对气候变化"朋友圈"的行动,也就不足为奇了。

(二)《清洁空气法》的立法、行政和司法努力

美国总统换届和政府组阁更迭很容易造成气候政策方向的变换。相较之下,通过美国国会立法机构出台的立法成果则具有长期性和稳定性的优点。美国1970年发布的《清洁空气法》的主要管理对象是大气污染物。2007年,美国最高法院对马萨诸塞州起诉环境保护署一案的判决宣布,将温室气体列为《清洁空气法》的管辖范围,这为美国管控温室气体排放提供了法律保障。通过立法层面取得的气候变化管控突破在短时期内不会受到美国总统命令和内阁政策变化的影响,因而能够一直为应对气候变化提供法律依据。

(三)《清洁电力计划》命运多舛

2015年8月3日,美国总统奥巴马公布了《清洁电力计划》,提出到2030年美国现有发电厂碳排放目标将在2005年的基础上减少32%,比之前美国政府拟定的碳减排目标提高了9%;美国各州必须于2016年之前提交碳减排初步方案,否则环境保护署有权在该州实施单独为该州制定的碳减排方案。美国各州可灵活地选择实现减排目标的途径,核心措施包括:提高现有燃煤火电厂的效率,提高现有天然气发电设施的比

重，提高以风电和光伏为代表的清洁能源发电比重，等等。

《清洁电力计划》被誉为奥巴马任期中最重要也最受争议的环境能源政策，涉及电力、能源、交通、建筑等多个行业利益，特别是将直接影响煤炭行业的发展。《清洁电力计划》从动议开始，在漫长的酝酿和讨论过程中面临了很多阻力和诉讼，包括美国自然资源保护协会在内的很多环保组织都介入过相关诉讼。由于各方压力，美国最高法院于2016年2月下令暂缓执行《清洁电力计划》。

现任美国总统特朗普在上台后于2017年10月以"超出了美国环境保护署的法定权限"为由，宣布正式废除《清洁电力计划》。至此，一项雄心勃勃的、在全美范围内积极应对气候变化和能源转型的政策"胎死腹中"，从未被真正实施过。美国退出《巴黎协定》和废除《清洁电力计划》在一定程度上削弱了国际社会合作应对气候变化的推动力，也在短期内冲击了各方采取应对气候变化行动的信心。

二、墨西哥应对气候变化的立法情况

（一）墨西哥制定《气候变化基本法》的背景

根据《2018年世界能源统计年鉴》，2017年北美洲二氧化碳排放量总计为61.2亿吨，占全球二氧化碳排放总量的18.3%。其中，美国2017年二氧化碳排放量为50.9亿吨，占全球二氧化碳排放总量的15.2%；墨西哥2017年二氧化碳排放量为4.7亿吨，占全球二氧化碳排放总量的1.4%。2006—2016年，墨西哥二氧化碳排放量年均增长1.4%，但2017年二氧化碳排放量比2016年下降了2.9%。天然气是墨西哥的主要能源，而墨西哥石油产量 2006—2017 年一直在下降[1]。另外，墨西哥是美洲的"陆上桥梁"，西临太平洋和加利福尼亚湾，东接墨西哥湾和加勒比海，海岸线长 11122 千米，极易受到海水上涨、海岸飓风等气候灾害影响。墨西哥面临的高排放增长压力及易受气候变化不利影响的脆弱情况与中国类似。

墨西哥作为 2010 年联合国坎昆气候变化大会的东道国，于 2012 年 10 月正式出台了《气候变化基本法》，在国际气候谈判中承担着立场协调的重要角色。笔者在实地考察过程中了解到，墨西哥国内高层重视法制建设，利益相关方密切协调，公众关于环境保护的意识不断增强，这些是墨西哥应对气候变化立法能够取得成功的三大关键因素。

（二）墨西哥《气候变化基本法》的主要内容及特点

墨西哥《气候变化基本法》由 116 条正文和 10 条临时性条款组成，共 9 章。第 1 章《总则》只有 1 节，规定了《气候变化基本法》的定位、立法目的、34 个名词解释、法律适用等内容（第 1~4 条）。第 2 章《权力分配》只有 1 节，规定了联邦政府、州政府、区域联盟和市政府在管理气候变化方面的职权（第 5~12 条）。第 3 章《国家生态和气候变化机构》包括《概述》（第 13~22 条）和《协调评估》（第 23~25 条）两节内容。第 4 章《国家气候变化政策》是《气候变化基本法》的核心，包括：第 1 节《原则》（第 26 条）；第 2 节《适应》，包括建立在监测评估基础上的适应政策应追求的 6 个目标（第 27 条）、适应的 9 个领域（第 28 条）及 18 项行动（第 29 条），以及管理部门应在职权范围内实施的 23 项

---

[1] 根据《2018 年世界能源统计年鉴》，墨西哥石油产量在 2017 年下降了 9.4%，2006—2016 年墨西哥石油产量平均下降了 4.0%。

适应措施（第30条）；第3节《减缓》，包括减缓政策的制定（第31条）、实施（第32条）及其16个目标（第33条），能源、交通、农林及土地利用、废弃物、工业、消费领域的减排措施（第34条），发展低碳技术（第35条），提供财政支持（第36条）及与其他公约的协同（第37条）。第5章《国家气候变化体制》，是内容最多的章节，包括10节。第1节《一般规定》（第38~44条）；第2节《内务部气候变化委员会》，规定了气候变化委员会的组成及各组成部分的职权（第45~50条）；第3节《气候变化顾问班子》（第51~57条）；第4节《计划措施》，包括概述（第58~59条）、国家战略（第60~64条）和规划（第65~73条）3个部分；第5节《清单》（第74~75条）；第6节《气候变化信息系统》（第76~79条）；第7节《气候变化基金》（第80~86条）；第8节《注册登记》（第87~90条）；第9节《经济措施》（第91~95条）；第10节《墨西哥的官方标准》（第96~97条）。第6章《国家气候变化政策评估》只有单独1节，规定了国家气候变化政策应定期被评估（第98条）、评估结果（第99条）、谁来开展评估（第100条）、评估适应气候变化政策的8项主要内容（第101条）、评估减缓气候变化政策的15项主要内容（第102条），以及评估的要求、周期和结果公开（第103~105条）。第7章《信息公开》只有单独1节，规定：公众有权知悉气候变化相关信息（第106条）；气候变化委员会应在网站上公布《国家应对气候变化年报》及相关政策（第107条）；国家使用公共资源资助项目及开展合作应公开、透明（第108条）。第8章《关于公众参与》只有单独1节，要求政府应鼓励公众参与应对气候变化政策的制定、执行和监督（第109条）；为鼓励公众参与政府应该采取的4项举措（第110条）。第9章《监督检查、保证措施和处罚》共3节，第1节《监督和检查》（第111~112条）；第2节《保证措施》（第113条）；第3节《处罚》（第114~116条）。

《气候变化基本法》的立法目标是：推进墨西哥的低碳转型和经济的可持续发展，保持墨西哥的国际竞争力；提高墨西哥适应气候变化的能力；促进墨西哥政府部门之间在应对气候变化工作中的合作。具体而言，《气候变化基本法》设定了如下目标：将温室气体比照通常情景到2020年减排30%，到2050年减排50%，到2026年达到排放峰值；在2024年之前清洁能源占能源消费比例达到35%，到2030年达到40%以上；减少51%的黑炭排放；减少因毁林而增加的碳排放；提高墨西哥适应气候变化的能力。

为了实现以上目标，墨西哥《气候变化基本法》设定了由气候变化委员会、内务部气候变化委员会、能源和气候变化局、气候变化顾问班子及州政府组成的国家应对气候变化管理体系，构建了墨西哥温室气体管理的体制机制，为应对气候变化相关法律的实施提供了机构保障。为了保障墨西哥《气候变化基本法》的顺利实施，墨西哥制定了应对气候变化的国家战略和6年计划，在州层面实施了应对气候变化的重点项目，通过国家财政和筹款等形式筹集应对气候变化资金，探讨通过征收碳税和碳排放权交易等途径实现减缓气候变化目标。

与其他国家应对气候变化的立法成果相比，墨西哥《气候变化基本法》的最大特点是基于高排放压力和气候脆弱性国情，高度重视适应气候变化问题。墨西哥《气候变化基本法》中适应气候变化的内容比例甚至超过了减缓气候变化的内容比例，这充分体现了"减缓与适应并重"的立法原则。墨西哥《气候变化基本法》还将对气候变暖贡献很大的"黑炭"作为调整对象，提出了黑炭的减排目标，扩展了《京都议定书》规定的温室气体的种类。

（三）墨西哥《气候变化基本法》面临的挑战

自墨西哥《气候变化基本法》颁布实施以来，其面临的挑战主要包括两个方面。

其一，墨西哥应对气候变化的基础能力不足，特别是温室气体排放数据的统计核算能力不足。实施墨西哥《气候变化基本法》规定的减排目标的基础，是建立完备的国家温室气体排放核查制度和排放数据库，这需要建立排放报告制度和违规处罚措施。墨西哥目前正在加强这方面的基础能力建设。

其二，美国特朗普政府在应对气候变化问题上"开倒车"，直接影响了美国企业的减碳动力和区域碳排放权交易市场预期。墨西哥曾经提出与美国加利福尼亚州或美国东北部区域碳排放权交易市场对接，以及从美国亚利桑那州进口可再生能源发电等设想均受到影响。

三、美洲应对气候变化立法对中国的启示

（一）立法是比政策制定和制度工具更长效的履约保障

国际层面，《巴黎协定》采用"自下而上"的自主贡献及每5年全球盘点的模式作为实现减排目标的主要路径，充分体现了"尊重主权，遵循非侵入性、非惩罚性、促进性，提高减排力度"的评价原则。但是，目前各方提交的国家自主贡献尚不能满足2℃的控温目标要求，需要进一步提升国家自主贡献的力度来弥补差距。《巴黎协定》对于像美国这样出尔反尔的缔约方，或者对于不能实现国家自主贡献承诺的缔约方，没有预设足够力度的惩罚措施。各国兑现国家自主贡献承诺主要依靠该

国的"信用"和履约自觉性，极易受到政治、经济等诸多因素的影响。

国内层面，从美国政府更迭导致以《清洁电力计划》为代表的气候政策被叫停可以看出，政策文件的稳定性、严肃性和强制约束力均不及法律，在西方多党轮流执政的情况下，难以保障低碳发展道路"一张蓝图绘到底"。

中国已向国际社会承诺了到 2020 年单位国内生产总值二氧化碳排放控制目标，以及到 2030 年左右二氧化碳排放达到峰值目标，但目前围绕温室气体减排目标的实现仍然缺乏强有力的抓手。要想如期实现中国的国家自主贡献目标，仅靠国家政策约束、低碳技术突破和公众自觉行动难以形成足够力度的、长效的约束机制。开展应对气候变化立法能够依靠国家机器的强制力为政府、企业和公众确定温室气体减排责任，对未完成减排目标的行为进行追责，是提升国家履约强制力的重要保障。中国应借鉴墨西哥的立法经验，尽快制定应对气候变化的专门法律，以促进减排目标的顺利实现。

（二）通过立法构建国家适应气候变化的法律体系

墨西哥《气候变化基本法》将适应气候变化放在重要位置，中国同样易受气候变化的不利影响，也应明确"减缓与适应并重"的应对气候变化立法原则。建议中国基于《巴黎协定》适应气候变化目标，契合《巴黎协定》中的提高适应气候变化不利影响和增强气候抗御力的要求，在国内适应气候变化立法中专设《适应气候变化》章节，提出中国适应气候变化的基本原则，明确中国适应气候变化的重点行业、重点任务、能力建设等方面的法律规制，建立气候变化影响评估和预测、预警制度；建议中国出台发展改革委、林业、农业、海洋、气象等适应气候变化的相关部门规章，分行业设定适应气候变化的具体措施和规则；同时，在地方层面因地制宜地开展区域适应气候变化立法，提出本地区适应气候变化的具体措施，通过立法构建中国适应气候变化的体制机制。

（三）通过立法构建国家应对气候变化的管理体制

美国联邦层面虽然没有制定专门的应对气候变化法律，或者出台有力的气候政策，甚至在政治意愿上出现大退步，但在地区层面某些州和城市仍坚持了积极应对气候变化、低碳发展战略。例如，美国加利福尼亚州出台的《加利福尼亚州全球变暖解决方案法案》专门设立了空气资源委员会，负责制定加利福尼亚州分阶段的减排目标，监督法案执行情况，并评估执法效果。

墨西哥《气候变化基本法》设定了由气候变化委员会、内务部气候变化委员会、能源和气候变化局、气候变化顾问班子及州政府组成的国家应对气候变化管理体系，为《气候变化基本法》的实施提供了保障。

中国可以学习墨西哥的立法经验，根据依法行政的要求，通过开展应对气候变化立法建立明晰的应对气候变化管理体制，明确各级政府的管理职权和权力边界，保障法律和政策有效、顺畅地实施，同时也可以最大限度地降低立法、执法成本。

第四节 亚太地区应对气候变化的立法研究

根据《2018 年世界能源统计年鉴》，亚太地区 2017 年总计排放二氧化碳 163.3 亿吨，占全球二氧化碳排放总量的 48.8%。其中，中国 2017

年二氧化碳排放量为 92.3 亿吨，占全球二氧化碳排放总量的 27.6%；韩国 2017 年二氧化碳排放量为 6.8 亿吨，年均增长 2.5%，占全球二氧化碳排放总量的 2.0%；菲律宾 2017 年二氧化碳排放量为 1.19 亿吨，占全球二氧化碳排放总量的 0.4%；新西兰 2017 年二氧化碳排放量为 0.37 亿吨，占全球二氧化碳排放总量的 0.1%。可见，亚太地区兼具了二氧化碳高排放和气候脆弱性的特点，亚太地区国家低碳转型任重而道远，其应对气候变化立法的重要性凸显。

一、韩国应对气候变化的立法研究

（一）韩国低碳发展立法的背景和出发点

韩国是世界第十大能源消耗国，韩国 97% 的能源依靠进口，是经合组织（OECD）成员中碳排放增速最快的国家。同时，韩国属于"环境完整型集团"，是区域性大国俱乐部——"亚太清洁发展伙伴关系"的 6 个成员国之一，是 G20 国家之一，在国际气候变化谈判中与发达国家同列，获得了更多的话语权和规则制定权。韩国通过担任绿色气候基金东道国、组织 IPCC 全会、颁布《气候变化对策基本法》和《低碳绿色增长基本法》，并于联合国坎昆气候变化大会前公布了详细的碳排放权交易市场筹建时间表等行动，使其在气候变化领域的国际形象大大加分。另外，韩国因其所处地理位置更易受气候变化的影响，低碳发展能够减少其能源对外依存度，提高应对气候变化能力，符合其国家利益。因此，韩国在金融危机之后将经济复苏开支的 80% 用于低碳项目上。

2008 年，韩国时任总统李明博宣布实施低碳绿色新政，提出把《低碳绿色增长战略》作为韩国新的远景目标，通过绿色产业发展创造更多就业岗位，改善国际收支，实现生态环境友好型的经济增长，提高韩国的国家竞争力。在此背景下，韩国于2009年颁布了《绿色增长国家战略及五年计划》《国家能源基本计划》和《气候变化对策基本法》；于2010年颁布了《低碳绿色增长基本法》，并于2013年对其进行了第1次修订，基本上建立了韩国低碳发展的制度体系。

（二）韩国低碳发展立法的基本框架和主要内容

韩国2009年颁布的《气候变化对策基本法》由31条正文、2条附则构成。《气候变化对策基本法》共分7章：第1章《总则》规定了《气候变化对策基本法》的立法目的及国家、地方政府、企业、国民的法律责任；第2章《气候变化应对综合计划的建立》，规定了政府编制气候变化计划的义务和报告的主要内容；第3章《气候变化对策委员会的设置》，对《气候变化对策基本法》的实施主体——气候变化对策委员会进行了相关规定；第4章《减少温室气体排放的措施》，对温室气体的资料收集、计算、报告、技术、森林、碳排放权交易等具体减缓温室气体排放的措施进行了规定；第5章《其他措施》，涉及气候变化影响及脆弱性评估、财政支持、国际合作、适应、民间团体的活动等方面的内容；第6章《基金的设置及运用》，对韩国适应气候变化基金的建立等相关情况进行了规定；第7章《罚则》，规定了以罚金为主要手段的惩罚制度。另外，《附则》规定了《气候变化对策基本法》实施的时间。

韩国于2010年颁布并于2013年修订的《低碳绿色增长基本法》，综合吸收了之前颁布的《能源基本法》《可持续发展基本法》和《气候变化对策基本法》等立法内容。《低碳绿色增长基本法》共7章，由64条正文和2条附则构成。《低碳绿色增长基本法》主要内容如下。第1章《总则》，主要包括：立法目的和名词解释，绿色增长促进的基本原则，国家、地方政府、自治团体、企业和国民的职责等。第 2 章《低碳绿色增长国家战略》，主要规定了韩国《低碳绿色增长战略》应包括的主要内容、制定和变更程序、各级相关促进计划的制定和实施等内容。第 3 章《绿色增长委员会》规定了在总统下新设绿色增长委员会，以及绿色增长委员会的组成、职能、工作机制等内容。第 4 章《低碳绿色增长的促进》，主要规定了促进绿色产业、资源循环利用、绿色技术、绿色金融、绿色就业、绿色认证相关的激励措施。第 5 章《低碳社会的实现》，主要包括应对气候变化和能源政策的基本原则、计划和目标管理、温室气体排放和能源使用报告、排放信息管理、排放总量控制和交易、交通产业的排放限制等内容。第 6 章《绿色生活和可持续发展的实现》，主要包括绿色生活和可持续发展的基本原则、绿色国土管理、可持续的水管理、构建绿色交通体制和亲善环境的农林水产、促进生态旅游和绿色生产消费、促进绿色生活和宣传教育等内容。第 7 章《补充条款》，主要规定了国会报告和资料提交的要求、国际合作的促进、罚款等内容。

（三）韩国低碳发展法制建设对中国的启示

韩国非常重视应对气候变化的资金保障问题。从国际层面来看，韩国是《联合国气候变化框架公约》下绿色气候基金的东道国；从国内层面来看，韩国颁布的《气候变化对策基本法》第 6 章《基金的设置及运用》，对韩国适应气候变化基金的建立及使用等相关情况进行了规定，从法律层面建立了韩国适应气候变化基金制度。

中国在开展应对气候变化立法过程中，也应基于《巴黎协定》提出的资金目标，依法构建国内气候投融资机制。通过应对气候变化立法，明确中国应采取的产业、财政、税收、价格、技术等方面的政策和措施，鼓励和引导低碳产业、低碳技术、低碳产品和低碳消费的发展；通过应对气候变化立法，强化资本的气候责任，将应对气候变化目标融入银行、保险、证券等传统金融领域，引导资本投向低碳领域。另外，建议中国通过应对气候变化立法专设国际合作相关内容，鼓励中国相关主体积极参与绿色气候基金等国际资金机制合作，为实现《巴黎协定》提出的"使资金流动符合温室气体低排放和气候适应型发展路径的资金目标"，担当起符合中国发展中国家定位的国家责任。

二、菲律宾应对气候变化的立法情况

（一）菲律宾《2009气候变化法》的立法背景

菲律宾作为《联合国气候变化框架公约》的非附件一国家，在国际气候谈判中属于77国集团。菲律宾签署和批准了《巴黎协定》，并于2015年10月提交了《国家自主贡献文件》，提出了"与通常情景相比，2030年温室气体排放减少70%"的目标。菲律宾虽然不是小岛国或者最不发达国家，但域内岛屿众多，易受气候变化的不利影响。因此，与其他发展中国家相比，菲律宾除减缓气候变化之外，更强调适应气候变化，是《兵库行动框架》[1]的成员国之一。

另外，菲律宾制定的《菲律宾21世纪议程》确定了国家可持续发展的方针。2009年10月23日，菲律宾总统阿罗约签署了《2009气候变化法》。这是菲律宾历史上第一部专门关于应对气候变化的法律。这

---

[1] 《兵库行动框架》：联合国世界减灾大会于2005年在日本兵库县通过了《兵库行动框架》和《兵库宣言》，就加强21世纪的全球减灾活动，以及力争在世界范围内减少气候灾害造成的损失等达成共识。

部框架性的法律为菲律宾之后各阶段应对气候变化的国家行动进行了整体部署。在《2009气候变化法》颁布后，菲律宾制定了《气候变化框架战略》；在《气候变化框架战略》颁布后，菲律宾制定了《气候变化行动计划》。

（二）菲律宾《2009气候变化法》的立法目的

菲律宾《2009气候变化法》第2条明确了应对气候变化立法的目的。

（1）保护人权中的环境权利，即保护人民享有与自然达到和谐、统一、健康生态的权利。

（2）履行《联合国气候变化框架公约》的共同目标和成员国义务，使温室气体在大气中的浓度稳定在一定水平，防止人为的危险行为干扰气候系统，使生态体系在一定的时间范围内足以自然地适应气候变化，以确保粮食生产免受威胁，并使经济以可持续的方式发展。

（3）履行《兵库行动框架》的共同目标和成员国义务，即在适应方面对气候变化有关的自然灾害建立国家和地方的应对体系。

（4）加强、协调并制度化菲律宾的以下工作：保护菲律宾群岛、穷人、妇女和儿童少受气候变化的影响；开展全球合作，使气候变化效益最大化；提高适应气候变化的能力，实现可持续发展。

（三）菲律宾《2009气候变化法》的特点和经验

1. 组建并授权应对气候变化专门机构

在菲律宾颁布的《2009气候变化法》中，菲律宾政府新设了应对气候变化的主管机构——气候变化委员会。气候变化委员会的地位很高，拥有与其他中央政府机构同等的地位，直接隶属于菲律宾总统办公室，是唯一可以代表菲律宾接受应对气候变化国际捐赠的国家机构。《2009气候变化法》同样赋予菲律宾教育厅、内政部、环境与自然资源部、外交事务部、新闻局、金融机构、地方政府和政府学院等相关政府机构应对气候变化的职能，以上政府部门必须每年拿出足够资金实施各自的应对气候变化计划。

《2009气候变化法》专门创设了实施该法的监督机构——国会联合监督委员会。国会联合监督委员会由5名参议员和5名代表组成，由1名参议员和1名代表共同主持，分别由参议院院长和众议院院长任命。国会联合监督委员会所需资金列入菲律宾国会的拨款计划。

法律监督制度取决于一国的政治体制，菲律宾属于国会监督法律实施的国家，但是在国会之中又新建了国会联合监督委员会专门监督《2009气候变化法》的实施。一方面，这体现了菲律宾对气候变化的重视；另一方面，这可以看出在《2009气候变化法》之后菲律宾还将出台一系列的规章制度，以建立一个完善、可行的应对气候变化法制体系。

2. 建立定期的工作报告制度

菲律宾《2009气候变化法》第20条"年度报告"中规定，"气候变化委员会应在该法案生效后每年的3月30日之前应国会联合监督委员会的要求，向总统和国会参议院、众议院呈递报告，对法案实施的情况进行详细说明。如必要还需要呈递一份关于全国气候变化行动计划和立法建议的议会报告。各地方政府机构应在次年的第一季度呈递关于各地方行动计划实施情况的议会报告给气候变化委员会。"这种利用法律的权威性确立气候变化工作机构的工作模式，以及利用立法来建章立制的做法，是值得中国学习的。

3. 将人权及性别因素明确写入《2009气候变化法》

菲律宾《2009气候变化法》开篇明确表明，该法是"充分保护和促进人民享有与自然达到和谐、统一、健康生态的权利"的国家政策。这把积极应对气候变化提高到了保护人权中的环境权的高度。更为创新的地方是，在《2009气候变化法》中强调了性别因素，在短短29条法案中有8条法案涉及性别因素，明确规定在气候变化委员会的委员中至少应包含1名女性。《2009气候变化法》肯定了妇女更易受到气候变化的影响，应得到同男子一样的关注，应该在应对气候变化的政策中同男子平等受益，让不平等的现象难以持续存在。

在应对气候变化相关法规中引入性别因素是比较少见的，这恰恰说明菲律宾存在一定程度的性别歧视问题，需要在此类专项法律中专门体现。强调性别问题在菲律宾立法过程中是可取的，在解决气候变化问题的同时，也促进了菲律宾社会文明的进步。但是，从国际整体来看，气候变化问题已经上升到了全人类共同利益的高度，体现性别问题是否必要值得商榷。

（四）菲律宾《2009气候变化法》对中国的参考意义

菲律宾作为《联合国气候变化框架公约》的非附件一国家，不便自行制定减排目标。但是，菲律宾岛屿众多，经济不发达，易受气候变化的不利影响，从国家自身利益出发必须高度重视并积极推进应对气候变化工作。因此，菲律宾颁布的《2009气候变化法》采取了框架性的立法模式，具体细则只涉及机构、资金两个方面的内容，具有可操作性，但对于透明度问题、国际合作问题、技术问题、碳排放权交易问题、减缓指标问题、适应的具体细则问题均未涉及。

菲律宾通过这部框架性的《2009 气候变化法》，在国际层面可以达到宣示性的效果，即表明菲律宾积极履行《联合国气候变化框架公约》和《兵库行动框架》中的国家义务，重视保护人权中的环境权，重视减灾及气候变化的适应问题，重视保护妇女、儿童的特殊权利；在国内层面可以达到建章立制的效果，即明确了机构职权及工作方式，建立了报告制度和监督体制，部署了"立法—框架战略—行动计划"三步走的应对气候变化的国家计划。

对于可操作性的问题，《2009 气候变化法》通过第 22 条"实施规则与条例"和第 24 条"独立性条款"加以解决。《2009 气候变化法》规定，在法案批准 90 天之后，气候变化委员会应根据各方意见，颁布《2009 气候变化法》的实施规则与条例。后续实施规则或条例如果发布失败，不应影响《2009 气候变化法》的效力。如果因为某种原因，《2009 气候变化法》的任何部分或条款被视为违宪或宣布无效，其他部分或条款不受影响。这种规定为菲律宾今后进一步应对气候变化立法进行了授权，预留了立法空间，以便于随着瞬息万变的国际气候变化谈判进行国内调整，同时又维护了《2009 气候变化法》的稳定性和统一性。

三、新西兰应对气候变化的立法研究

（一）新西兰《2002 年应对气候变化法》的立法背景

新西兰作为《联合国气候变化框架公约》下的附件一国家，在国际气候变化谈判中属于发达国家伞形集团。新西兰作为《巴黎协定》缔约方提出的国家自主贡献目标是，"2030 年温室气体排放与 2005 年相比下降 30%。"新西兰是世界上较早开展应对气候变化专门立法的国家之一，于 2002 年出台了《2002 年应对气候变化法》(Climate Change Response Act 2002)。《2002 年应对气候变化法》大部分条款在颁布时立即生效，部分特定条款则分别在颁布后的几年内分别生效。2009 年，《2002 年应对气候变化法》经新西兰众议院审阅及皇室批准后进行了最大规模的修订，2009 的修订版本主要侧重于构建新西兰的碳排放权交易体系规则。新西兰的碳排放权交易体系目前已经实际运行。

新西兰温室气体排放的行业特征明显。新西兰农业和畜牧业极为发达，也是控制温室气体排放的重点领域。新西兰《2002 年应对气候变化法》中针对不同行业特点，设立专门的条款对农业的温室气体减排进行了相关的规定。在新西兰碳排放权交易体系中，新西兰的排放单位(NZU)将根据不同行业进行不同分配。

(二) 新西兰《2002 年应对气候变化法》的主要内容

新西兰《2002 年应对气候变化法》开篇明确说明其立法目的有 3 个方面：一是使新西兰能够有效履行其在《联合国气候变化框架公约》和《京都议定书》中作为附件一国家在第一承诺期的义务，在《2002 年应对气候变化法》中附了《联合国气候变化框架公约》全文；二是为新西兰应对气候变化的相关管理机构及人员提供法律依据，并对其权力的行使进行限制；三是建立新西兰国家碳排放权交易体系规则，对新西兰的温室气体排放交易进行管理和操作，以对全球的温室气体减排做出贡献，使新西兰的温室气体净排放量维持在正常水平之下。

《2002 年应对气候变化法》共分 6 个部分，分别是预备条款、机构安排、详细目录清单、新西兰温室气体排放交易体系、具体规定、其他条款。《2002 年应对气候变化法》确定了 3 项基本制度：一是新西兰财政部对温室气体减排指标的持有、分配和交易制度；二是温室气体排放指标的交易簿独立登记制度，该制度能够保证新西兰温室气体排放交易的精确、透明、有效；三是建立了国家清单署，规定了收集并更新温室气体排放及碳汇情况的制度。

（三）新西兰应对气候立法的特点和经验

1. 依法设置了国家应对气候变化管理机构

一是新西兰财政部在应对气候变化方面的职权。新西兰财政部有权建立或关闭官方减排户头，管理注册处登记事务，以国家的名义进行海外交易，从国家清单署及国家登记处获取碳排放指标的相关信息。国家登记处有就减排量的交易情况向财政部报告的义务。

二是新西兰国家登记处的职权。新西兰国家登记处负责在承诺期内对排放单位（NZEU）的持有、交易、抵消、取消情况进行登记，并与海外登记簿进行信息交流，以保证减排参与者可以有效地行使、履行他们的权利、义务。新西兰财政部也可以据此有效地掌握排放指标的交易、转移情况。《2002年应对气候变化法》对新西兰国家登记处登记排放单位（NZEU）的操作进行了详细、明确的规定，并制定了国家登记处的信息公开制度。

三是设立了国家清单署。国家清单署的主要功能是估算新西兰每年各种排放源温室气体的排放量及吸收汇的情况，准备下一年度新西兰的温室气体排放报告。为了完成这些任务，国家清单署需要甄别排放源种类、收集数据、估算排放量和吸收量、评估不确定性、核查数据，并保留相关资料和证据以公示。

四是建立了人事监查制度。《2002年应对气候变化法》规定政府可以派出巡查员，以检查国家清单署雇员的职责和能力，检查其他相关单位特别是农业、林业相关部门雇员的能力。

2. 依法建立了国家碳排放权交易体系

新西兰通过《2002年应对气候变化法》早在2008年就建立了本国的碳排放权交易体系，使用新西兰单位（New Zealand Unit，NZU）作为交易对象。同时，《2002年应对气候变化法》还规定，对2013年7月1日以后注册的机动车，以及进口新西兰的特定应税货物中包含的人为温室气体排放（HFCs、PFCs、SF_6）征税，税率为温室气体含量、政府为其指定的碳价格和全球变暖潜力值的乘积。根据《2002年应对气候变化法》，超额排放的单位或个人必须购买排放单位。例如，根据《2002年应对气候变化法》，内阁成员到悉尼出差一次，政府将花费33纽元补偿因乘飞机所造成的二氧化碳排放，到伦敦出差则需要支付270纽元。对于减排量的海外交易规则，新西兰《2002年应对气候变化法》也进行了一定限制。

考虑到民众的接受程度，《2002年应对气候变化法》颁布的前几年将排放单位免费发放给排放者。由于新西兰的行业发展特征明显，农业和畜牧业对排放量的贡献显著，因此在《2002年应对气候变化法》出台后的几年内，减排量的分配将根据不同行业而有所差别。例如，渔业将根据历史原因免费分配到排放单位，1990年前的森林将得到固定的、免费的排放单位，而高排放的工业、农业的排放指标将在单位活动的平均排放量基础上进行分配。《2002年应对气候变化法》规定交易期为2010年7月1日到2012年12月31日，在交易期内参与者将面临不超过12.5纽元/吨的排放成本。

3. 立法过程循序渐进

由于应对气候变化属于新事物，国际谈判和人类对此问题的认知日新月异，所有问题不可能通过一次立法加以解决。新西兰《2002年应对气候变化法》虽然立法时间较早，但在法案生效时间的安排上灵活渐进，值得中国在应对气候变化立法过程中参考。新西兰《2002年应对气候变化法》于2002年颁布，大部分框架性、原则性条款于颁布后立即生效，为新西兰通过该次立法建立国家应对气候变化的制度框架提供了保障；而部分实施性的条款则针对不同行业分别规定了不同的生效时间。例如，森林领域在2008年进入新西兰碳排放权交易体系，电力、固定能源、工业、移动行业在2010年进入新西兰碳排放权交易体系，交通系统的排放计划于2011年生效，农业的排放计划则在2013年进入新西兰碳排放权交易体系。

第五节　国外地方应对气候变化的立法进展

除国家层面制定各国应对气候变化法规之外，国外很多具有立法权的地区也开展了区域性的应对气候变化立法。据不完全统计，目前德国北莱茵威斯特法伦州和巴登符腾堡州、美国加利福尼亚州、澳大利亚维多利亚、巴西圣保罗、苏格兰等地区，在国家相关立法框架下因地制宜地开展了区域性立法。更可贵的是，有些地区在国家层面立法空白的情况下，由地方立法机关制定了区域性应对气候变化专项法律法规。

一、美国加利福尼亚州应对气候变化的立法情况

尽管美国联邦层面特朗普政府在气候变化问题上"开倒车",但形成鲜明对比的是,美国加利福尼亚州始终坚持了积极应对气候变化的发展战略。美国加利福尼亚州于 2006 年颁布了《加利福尼亚州全球变暖解决方案法案》,成为美国各州中第一个制定了应对气候变化法案的州。《加利福尼亚州全球变暖解决方案法案》明确提出了到 2020 年将温室气体排放总量降低到 1990 年水平,到 2050 年在 1990 年的基础上降低 80%的减排目标,并建立了温室气体排放报告和交易制度,实现了对温室气体排放的有效管控。据笔者调研了解,在《加利福尼亚州全球变暖解决方案法案》颁布实施的 10 年间,加利福尼亚州温室气体排放实现了绝对量的下降,其提出的温室气体减排目标预计能够如期实现。《加利福尼亚州全球变暖解决方案法案》对于促进加利福尼亚州分阶段实现温室气体绝对量减排的总目标具有重要意义,也说明立法是实现温室气体排放控制目标最长效、最有力的途径。

(一)《加利福尼亚州全球变暖解决方案法案》的主要内容

《加利福尼亚州全球变暖解决方案法案》是一部以减缓气候变化为主要内容的地区法案,分为《总则》《温室气体排放强制报告》《全州温室气体排放量限额》《减缓温室气体》《以市场为基础的履约机制》《执行》《其他规定》共 7 章。《总则》包括法案名称、发现与公告、定义、空气资源委员会的职能 4 条款项。《温室气体排放强制报告》包括 1 条款项,要求空气资源委员会于 2008 年 1 月 1 日前制定针对排放源的报告及核证规则。《全州温室气体排放量限额》包括 2 条款项,提出在 2020 年将温室气体排放总量降低到 1990 年水平的减排目标。《减缓温室气体》包括 7 条款项:①空气资源委员会应广开言路以制定科学的政策;

②空气资源委员会公布减缓措施的时间步骤等相关要求；③空气资源委员会制定减缓规划的相关要求；④空气资源委员会分配减排配额的相关要求；⑤关于对 2012 年碳排放权交易启动前减排配额的认定；⑥空气资源委员会应与其他州政府、联邦政府和其他国家开展合作以使减排效益最大化；⑦空气资源委员会应确保减缓措施公平公正，并引导公众参与，引导资金向不发达领域倾斜。《以市场为基础的履约机制》包括 3 条款项：①空气资源委员会负责制定交易规则，管理和监督交易主体；②空气资源委员会制定自愿减排的核证方法，并鼓励自愿减排；③对于其他州政府的减排项目，本州空气资源委员会无权管辖。《执行》包含 1 条款项，规定空气资源委员会应监督本法案的执行，确定了对违约处罚的依据。《其他规定》包含 9 条款项，涉及执法依据、建立顾问班子委员会、豁免、与其他法案的关系、不可抗力应对等内容。

根据《加利福尼亚州全球变暖解决方案法案》，加利福尼亚州成立了空气资源委员会，主管温室气体减排事务。空气资源委员会负责制定 2020 年前分阶段的减排目标，并监督法案的实施。空气资源委员会基于加利福尼亚州的历史排放数据，于 2007 年提出了减少温室气体排放的初期具体行动目标，建立了温室气体排放报告制度。另外，在政策层面，加利福尼亚州空气资源委员会和气候行动小组共同起草了一项全方位的减排战略规划，包括节约能源、增加低碳领域的就业机会、改善公共卫生条件等内容，并自 2012 年起全面实施。

（二）《加利福尼亚州全球变暖解决方案法案》的主要特点

《加利福尼亚州全球变暖解决方案法案》以减缓温室气体排放为主要目标，主要内容均是根据"在 2020 年将温室气体排放总量降低到 1990 年的水平，到 2050 年温室气体排放总量在 1990 年的基础上降低 80%"

这个减排目标来安排的，主要特点包括如下 3 个方面。

其一，《加利福尼亚州全球变暖解决方案法案》规定了多种减排措施。《加利福尼亚州全球变暖解决方案法案》明确规定了提高能效、发展可再生能源、减少汽车燃油等减排措施。调研得知，根据《加利福尼亚州全球变暖解决方案法案》的这些减排措施，加利福尼亚州已经按计划完成了分阶段的减排目标，并且有望于 2020 年实现最终的减排目标。

其二，《加利福尼亚州全球变暖解决方案法案》为建立碳排放权交易市场奠定了基础。加利福尼亚州的碳排放权交易市场根据 AB32 法案建立并实现交易，成为美国区域性碳排放权交易市场的代表。

其三，注重与其他州和区域的协调。加利福尼亚州积极开展与美国其他州在应对气候变化方面的合作。美国区域性合作主要包括东海岸的《区域温室气体倡议》、西海岸的《太平洋沿岸气候与能源行动方案》和中西部的《温室气体减排协定》等。这些区域性的协定或合作是一种自下而上的温室气体减排模式探索，也为墨西哥等相邻国家开展碳排放权交易提供了借鉴。

（三）《加利福尼亚州全球变暖解决方案法案》的效果与挑战

自《加利福尼亚州全球变暖解决方案法案》颁布实施以来，加利福尼亚州温室气体排放实现了绝对量的下降，对于促进加利福尼亚州分阶段实现温室气体绝对量减排的总目标具有重要意义。目前，《加利福尼亚州全球变暖解决方案法案》确定的 2020 年目标在有望完成的情况下，已经有一个建议法案提出了从 2020 年到 2050 年的温室气体减排安排。

《加利福尼亚州全球变暖解决方案法案》的局限和面临的挑战主要

包括3个方面。

其一,《加利福尼亚州全球变暖解决方案法案》是一个以侧重减缓为主的州政府层面的法案,对于适应气候变化等内容缺乏关注。对于加利福尼亚州这样一个沿海的、易受气候灾害影响的区域,如何提高应对气候变化的能力等问题在该法案中没有涉及。

其二,《加利福尼亚州全球变暖解决方案法案》从制定到实施的过程始终面临来自产业层面的反对意见甚至诉讼。例如,《加利福尼亚州全球变暖解决方案法案》中严格禁止使用进口煤炭发电、严格限制汽车排放等措施,对相关产业影响较大,引起了产业界的抵制。

其三,加利福尼亚州碳排放权交易在实施过程中面临争议较大。据调研了解,碳排放权交易对于实现加利福尼亚州整体减排目标贡献较小,成效远低于预期水平。

二、德国《巴登符腾堡州气候保护法》的立法情况

德国各州由州议会负责立法,由州政府负责执法,由州法院负责司法。目前,在德国联邦层面尚未开展应对气候变化专门立法的情况下,北莱茵威斯特法伦州和巴登符腾堡州等4个州已经开展了应对气候变化专门立法。

德国北莱茵威斯特法伦州议会于2013年1月23日通过了《北莱茵威斯特法伦州气候保护促进法》,提出了全州的温室气体排放总量到2020年在1990年排放总量的基础上减少至少25%,到2050年减少至少80%的目标,该目标对州政府具有直接的法律约束力。《北莱茵威斯特法伦州气候保护促进法》还设立了北莱茵威斯特法伦州气候保护专家

小组，以对气候保护计划的执行工作进行监督。

德国巴登符腾堡州位于德国西南部的工业发达地区，正在受到气候变化的严重威胁。巴登符腾堡州于 2013 年 7 月 23 日颁布了《巴登符腾堡州气候保护法》，提出的目标是："与 1990 年的温室气体排放总量相比，到 2020 年巴登符腾堡州的温室气体排放总量应降低至少 25%，到 2050 年争取比 1990 年的排放总量减少 90%。同时，在全州范围内通过预防性措施适应气候变化的影响。"根据《巴登符腾堡州气候保护法》，巴登符腾堡州的环境部下设了一个气候保护指挥部，负责跨部门协调应对气候变化工作；同时，由巴登符腾堡州政府组建一个气候保护顾问委员会，负责为州政府提供咨询。

（一）《巴登符腾堡州气候保护法》的立法过程

《巴登符腾堡州气候保护法》在立法之前有一个科学论证的过程，证明在一定时间内巴登符腾堡州气候变化可能面临的问题。同时，考虑到德国的减排目标和巴登符腾堡州自身的资源潜力，分析得出巴登符腾堡州的减排可行路径：一是降低一次能源的消耗，二是发展可再生能源。在科学分析的基础上，巴登符腾堡州提出了自身的减排目标："到 2020 年在 1990 年温室气体排放的基础上减排至少 25%，到 2050 年前减排至少 90%。"与德国联邦政府的减排目标不一样的是，巴登符腾堡州所有部门到 2040 年应达到碳中性。

基于科学论证，巴登符腾堡州议会于 2013 年 7 月 17 日以绝对多数通过了《巴登符腾堡州气候保护法》，其核心目标是"将二氧化碳排放量大大降低"。

巴登符腾堡州通过立法主要解决了 4 个方面的问题：一是制定关于气候保护的框架性制度；二是将具体的减排任务进行分解；三是对巴登符

腾堡州政府以下基层组织的气候保护工作进行指导，分为"联邦—州—基层组织"3个层级进行管理；四是规定了气候保护中的公众参与，鼓励公众和大社团等积极参与应对气候变化。

巴登符腾堡州在立法过程中非常注重公众参与。在立法过程中，巴登符腾堡州将法律所涉及各部分分解，分解为能源、建筑、交通等行业，在征求意见时综合各利益相关方的名单，并综合考虑其利益相关的程度。巴登符腾堡州有120个协会、社会团体，以及100名公民代表参与了气候保护立法过程。巴登符腾堡州议会在进行立法时举行了听证：一是了解各地区的具体情况，二是消解可能产生的社会阻力。

（二）《巴登符腾堡州气候保护法》的主要特点

《巴登符腾堡州气候保护法》除了关注落实减排目标的具体措施，还涵盖了适应气候变化的内容。其中，关于适应气候变化的内容主要集中在第4条，即根据适应气候变化目标分解做出的具体规定。适应气候变化的数据多且复杂，巴登符腾堡州在开展气候保护立法前对气候损害、日照时间、洪水、降水量的变化都进行了充分论证，气候保护立法根据这些数据提出了适应气候变化的相关措施。每3年的《巴登符腾堡州政府气候保护工作报告》也尽可能地提到了关于适应气候变化的指标落实情况。

对于法律责任而言，《巴登符腾堡州气候保护法》属于行政法，法律中规定的主体和客体都是公权主体，如果哪个大区未完成目标，可以进行行政问责，但没有刑事责任；《巴登符腾堡州气候保护法》也是框架法，对其他煤炭、能源相关领域的法律具有原则性指导作用，但关于法律惩罚措施仅放在具体的法律里面，在执法时根据具体的法律进行追责，在《巴登符腾堡州气候保护法》中没有涉及执法依据。

(三)《巴登符腾堡州气候保护法》的配套政策

巴登符腾堡州本届政府的组阁协议明确,要开展气候保护立法,同时制定配套的气候保护计划。巴登符腾堡州环境、气候保护和能源部负责了《巴登符腾堡州气候保护法》草案的起草,并牵头制定了《巴登符腾堡州能源和气候保护计划》。《巴登符腾堡州能源和气候保护计划》与《巴登符腾堡州气候保护法》的制定基础都是科学论证,两者的制定是齐头并进的。在《巴登符腾堡州气候保护法》出台1年后,《巴登符腾堡州能源和气候保护计划》提交州议会讨论,并由州政府决定实施,确定每5年进行一次修订。

由于《巴登符腾堡州气候保护法》是一个框架性的法律,因此《巴登符腾堡州能源和气候保护计划》的主要任务就是将减排目标进行细化、分解,并提出目标实现的措施。《巴登符腾堡州能源和气候保护计划》是一项向下分解目标的计划,其按照目标走廊的方式,分交通、工业等部门进行目标分解,特别是针对巴登符腾堡州的热能资源优势提出了一项提高热能利用效率的具体措施。

(四)巴登符腾堡州气候政策法规的实施

由于德国联邦政府没有专门的气候变化立法,所以巴登符腾堡州执法部门关于气候保护工作的执法依据是《巴登符腾堡州气候保护法》和《巴登符腾堡州能源和气候保护计划》。由于《巴登符腾堡州气候保护法》和《巴登符腾堡州能源和气候保护计划》主要涉及规划与审批,只在原有规划与审批中增加了关于气候保护的内容,因此不需要新建执法队伍。执法的总体人数并未增加,仅在职能上进行了调整,增加了执法的细节,在执法时也会增加与气候保护有关的内容。

在《巴登符腾堡州气候保护法》和《巴登符腾堡州能源和气候保护

计划》出台之后，巴登符腾堡州所辖 12 个大区应主动将《巴登符腾堡州气候保护法》和《巴登符腾堡州能源和气候保护计划》的气候保护目标纳入本区已有的规划，在进行新规划时也应考虑《巴登符腾堡州气候保护法》和《巴登符腾堡州能源和气候保护计划》的目标。例如，巴登符腾堡州有的地区多山，在关于山区的规划中要按照《巴登符腾堡州气候保护法》和《巴登符腾堡州能源和气候保护计划》的要求规划能源布局。

巴登符腾堡州政府在规划审批团中增加了 1 个位置，专门负责审查规划是否符合《巴登符腾堡州气候保护法》和《巴登符腾堡州能源和气候保护计划》的要求，甚至细化到审核某个地区新建风电站对气候的影响。在《巴登符腾堡州气候保护法》实施以后，巴登符腾堡州各地方的区域规划、能源规划、交通规划相关法规均据此进行了修订。

（五）巴登符腾堡州气候政策法规的报告与评估

巴登符腾堡州气候政策法规非常注重透明度和可评估性。巴登符腾堡州环境、气候保护和能源部负责每 3 年撰写一份详细的气候保护工作报告和简报，并按照《巴登符腾堡州气候保护法》和《巴登符腾堡州能源和气候保护计划》的要求进行评价，看 3 年中做了什么，有些要求为什么没有达到。除巴登符腾堡州环境、气候保护和能源部之外，巴登符腾堡州政府的所有参与部门都要参与报告。每 3 年一次的《政府气候保护工作报告》需要提交给气候变化专家委员会进行评估，评估所做工作对于气候保护的效果。同时，巴登符腾堡州议会将对《巴登符腾堡州气候保护法》和《巴登符腾堡州能源和气候保护计划》进行每 5 年一次的审查。绿党目前在工业发达的巴登符腾堡州已经连续执政 2 届，对于每 5 年一次的审查和更新很重视，因此也需要保持法律的与时俱进。

三、国外地方立法对中国的启示

（一）立法过程中注重公众参与和信息透明

德国在开展立法过程中非常注重公众参与，广泛征求立法可能涉及的利益主体的立法意见，举办听证程序，并据此对法律草案进行修改。德国巴登符腾堡州有120个协会、社会团体及100名公民代表参与了《巴登符腾堡州气候保护法》的立法过程，巴登符腾堡州议会在进行立法时举行了听证会，以了解各方面对法律草案的具体态度，并消解可能产生的社会阻力。

中国正在开展的应对气候变化立法和气候变化重大政策的制定过程，也应该本着"开门立法"的精神，广泛听取地方政府、企业和公众代表、社会团体的立法意见，以减小立法阻力。另外，在立法过程中应注重与国家、地方气候管理部门的充分沟通，同时推进国家、地方的应对气候变化立法进程。

（二）依法确立减排目标

为了更好地实施《加利福尼亚州全球变暖解决方案法案》，美国加利福尼亚州制定了分阶段的减排目标，建立了温室气体排放报告制度，起草了全方位的减排战略规划。德国的气候法规和政策的核心是提出分阶段的减排目标，并围绕目标分解、落实法律条款。德国联邦政府气候政策的核心目标是，"到2020年，温室气体排放比1990年减排40%；到2030年，温室气体排放比1990年减排55%；到2040年，温室气体排放比1990年减排70%；到2050年，温室气体排放比1990年减排80%～95%。"德国《巴登符腾堡州气候保护法》和《巴登符腾堡州能源和气候保护计划》的核心目标是，"到2020年，温室气体排放在1990年的基础上减排 25%；到 2050 年前，温室气体排放在 1990 年的基础上减排 90%。"将这些目标纳入法律和政策，有助于建立减排目标倒逼机制，促进各行业、各地区采取减缓气候变化行动，从而促进减排目标的实现。

中国在《国家应对气候变化规划（2014—2020 年）》中提出了"到 2020 年单位国内生产总值二氧化碳排放比 2005 年下降 40%～45%"的强度目标；在《中国国家自主贡献文件》中确定，"二氧化碳排放 2030 年左右达到峰值，并争取尽早达到峰值；到 2030 年单位国内生产总值二氧化碳排放比 2005 年下降 60%～65%"的中长期目标。基于此，在开展国家应对气候变化立法和重大气候政策制定过程中，中国应努力将这些目标纳入法律，并将其进行细化，以通过国家法律的强制力保障减排目标的实现。

（三）建立法律的定期评估和更新机制

气候政策法规的制定具有一定的前瞻性。为了保证政策法规中提出的目标和措施符合实践进展，美国加利福尼亚州和德国巴登符腾堡州均建立了气候政策法规的定期跟踪评估机制。德国巴登符腾堡州环境、气候保护和能源部负责每 3 年按照《巴登符腾堡州气候保护法》和《巴登符腾堡州能源和气候保护计划》的要求撰写一份《政府气候保护工作报告》，巴登符腾堡州议会负责对《巴登符腾堡州气候保护法》和《巴登符腾堡州能源和气候保护计划》的落实情况进行每 5 年一次的评价。

中国目前虽然还没有完成应对气候变化立法，但从国家到地方已经颁布了多项应对气候变化的重大政策，开展了多种形式的试点示范。结合中国近几年建立的重大政策、重大改革、重大项目后评估制度，有必要及时对国家和各省"十三五"应对气候变化的目标、任务、措施和工作进展进行评估，为高质量谋划"十四五"应对气候变化规划、中长期低排放发展战略奠定基础，以保障气候政策的有效性。

第八章

应对气候变化诉讼问题研究

围绕生态环境领域重立法、重监管、重执法的法治建设重点，结合应对气候变化立法研究，笔者专程赴深圳市发展改革委碳交易管理办公室进行了实地调研，并对国外著名的应对气候变化诉讼进行了文献整理，旨在从诉讼层面入手探究中国低碳领域的执法经验与挑战，以及其对中国应对气候变化立法的启示。

第一节　中国首例碳诉讼的基本情况

一、案件背景

深圳市是国家首批碳排放权交易试点城市。自 2012 年开始，深圳市在全市范围内启动了碳排放权交易，旨在通过试点地区的碳排放权交易探索，为建立全国碳排放权交易市场积累经验。

本案的被告——深圳市发展改革委，是深圳市政府碳排放权交易主管部门；本案的原告——深圳市翔峰容器有限公司（以下简称"翔峰公司"），属于深圳市碳排放权交易管控单位，由深圳市发展改革委负责向其发放排放配额，并监督排放配额清缴情况。

深圳市人民代表大会常务委员会于 2012 年通过了《深圳市经济特区碳排放管理若干规定》，深圳市政府于 2014 年颁布了《深圳市碳排放权交易管理暂行办法》。本次调研正值深圳市碳排放权交易的履约期，以及由地方试点向全国碳排放权交易市场的过渡期，更处于全国自上而下机构改革的敏感期。但调研发现，由于拥有明确、翔实、有效的地方立法成果，深圳市发展改革委在开展碳排放权交易市场管理过程中，能够做到依法行政有信心、履约管理有依据、按部就班无缝隙。

二、案件详情

2015 年 5 月，深圳市发展改革委依据核查机构出具的 2014 年碳排放报告和经深圳市统计部门核定的 2014 年统计指标数据，确定翔峰公司 2014 年的目标碳强度为 2.362 吨/万元，实际排放配额为 1686 吨，实际碳排放量为 6614 吨，排放配额短缺量为 4928 吨。但是，翔峰公司认为其 2014 年的用电量和工业产值均比 2013 年有下滑，对主管部门确认的排放配额存在异议，故未按要求补缴与其超额碳排放量相等的排放配额。深圳市发展改革委发现翔峰公司 2014 年存在履约不足问题，按以下程序开展了碳排放权交易行政执法。

一是发出排放配额确认通知。深圳市发展改革委于 2015 年 5 月 20 日向翔峰公司送达了《深圳市发展改革委关于确定管控单位 2014 年实际配额数量和实际碳排放量的通知》（深发改〔2015〕575 号），确定翔峰公司 2014 年工业增加值为 714 万元，2014 年目标碳强度为 2.362 吨/万元，实际排放配额为 1686 吨，实际碳排放量为 6614 吨，排放配额短缺量为 4928 吨，并要求翔峰公司于 2015 年 6 月 30 日前按照 2014 年实际碳排放量在注册登记簿完成履约。

二是发出正式排放配额补缴通知并公告。2015 年 7 月 2 日，在确认原告翔峰公司未按时完成履约，并且未对核查结果提出复核要求的情况下，深圳市发展改革委发出了《关于责令深圳市翔峰容器有限公司补缴配额的通知》（深发改〔2015〕749 号），要求翔峰公司在 2015 年 7 月 10 日前补缴与超额碳排放量相等的配额（4928 吨），告知了逾期未补缴足额排放配额的处理和处罚后果。另外，在《深圳市商报》上对未按时足额履行 2014 年碳排放履约义务的管控单位进行了公告。

三是开展调查和听证。在原告翔峰公司收到通知仍未按时补缴足额排放配额的情况下，深圳市发展改革委于 2015 年 7 月 21 日对翔峰公司进行了调查询问，听取了其陈述和申辩，于 2015 年 8 月 6 日向翔峰公司送达了违法行为通知书，告知其涉嫌违法的事实、拟做出的处罚种类和理由，并告知其拥有陈述申辩和申请听证的权利。在原告翔峰公司提出听证申请后，深圳市发展改革委于 2015 年 8 月 19 日举行了听证。参加听证人员对拟做出的行政处罚决定及其相关证据均无异议，仅对碳排放量、排放配额和罚款额度的合理性有异议。

四是做出行政处罚决定。2015 年 9 月 7 日，深圳市发展改革委经过前期程序，并基于认定的事实对原告翔峰公司做出了《深圳市发展和改革委员会行政处罚决定书》（深发改罚〔2015〕1 号），对其处以两项行政处罚：一是从翔峰公司 2015 年排放配额中扣除 2014 年未足额补缴的排放配额；二是处以翔峰公司 2014 年超额碳排放量（4928 吨）乘以履约当月（2015 年 6 月）之前连续 6 个月碳排放权交易市场配额平均价格（42.86 元/吨）3 倍的罚款，共计 633642.24 元。

三、案件争议点和胜诉经验

本案中原告翔峰公司以"认定事实错误、处罚程序违法"为由，向法院起诉了深圳市发展改革委，请求撤销该行政处罚决定。一审法院经审理认定，深圳市发展改革委做出的行政处罚适用法律正确、程序合法，予以支持。翔峰公司不服并再次补充以"核查机构没有核查资质，深圳市发展改革委不应依据核查报告做出行政处罚"为由，向二审法院提起上诉。二审法院经审理再次支持了深圳市发展改革委的行政处罚。此案是深圳市发展改革委首次因碳排放权交易管理而被告上法庭,能够在诉讼中获胜,主要基于以下几点。

一是法律适用有据。深圳市人民代表大会常务委员会于 2012 年通过的《深圳市经济特区碳排放管理若干规定》是国内首部确立碳排放权交易制度的地方性法规,被誉为 2012 年全球应对气候变化立法九大亮点之一。《深圳市经济特区碳排放管理若干规定》虽然仅有 10 条,但作为一项由地方人民代表大会出台的地方性法规,成为深圳市政府出台政府规章的立法依据。2014 年,深圳市政府颁布了《深圳市碳排放权交易管理暂行办法》,共 8 章 86 条,是国内碳排放权交易试点省、市颁布的最详细、最严格的地方政府规章。在首例碳诉讼中,深圳市发展改革委和审理法院多次引用了这两项地方法规和规章中的相关条款,涉及管控单位的控排义务、行政主管部门的排放配额管理,以及实施行政处罚的职权、排放配额计算公式、履约义务认定、按倍计罚的依据等内容。"深圳市人民代表大会法规+深圳市政府规章"的法制建设成果,为深圳市发展改革委开展碳排放权交易管理,实施行政处罚,并用于应诉提供了法律依据。

二是执法队伍适格。根据《深圳市经济特区碳排放管理若干规定》,深圳市机构编制委员会于 2012 年印发了《关于深圳市发展改革委有关机构编制事项的批复》。深圳市政府法制办分别于 2013 年、2015 年两次发布公告,明确深圳市发展改革委实施碳排放权交易行政执法的职责和权限为负责深圳市碳排放权交易的监督管理工作,负责对第三方核查等相关服务机构进行监管,负责深圳市碳排放权交易管理的其他工作;实施碳排放权交易行政执法的依据为《行政处罚法》《深圳市经济特区碳排放管理若干规定》《深圳市碳排放权交易管理暂行办法》。据调研了解,正是依法、依规获得了行政执法权，深圳市发展改革委目前共拥有4张碳排放权交易管理执法证，在开展碳排放权交易管理过程中能够做到依法行政有队伍、实施处罚有底气、对抗诉讼有依据。在首例碳诉讼中，原告翔峰公司的诉讼理由之一是深圳市发展改革委是否有权力确定其排放配额、对其实施罚款和从登记簿中扣除排放配额。审理法院依据以上授权依据，判定深圳市发展改革委有权对原告翔峰公司实施行政处罚。

三是规范执行行政处罚程序。程序的正义和实体的正义同样重要。得益于地方立法成果和行政执法权，深圳市发展改革委在碳排放权交易管理过程中建立了较为规范的工作程序，做到了环环有依据、步步要留痕、事事可追溯。据调研了解，深圳市发展改革委在碳排放权交易管理过程中特别注重程序规范，并注重保留程序证据。在首例碳诉讼中，原告翔峰公司两次起诉均对深圳市发展改革委做出行政处罚的程序提出质疑。审理法院在判决过程中，依据深圳市发展改革委在处理该案各环节留下的通知、公告、听证记录、文书送达等证据，最终做出了"行政处罚程序合法"的判决。

第二节　中国首例碳诉讼暴露的主要问题

一、排放配额计算的合理性受到质疑

在中国首例碳诉讼中，原告翔峰公司对深圳市发展改革委确定的实际排放配额和实际碳排放量的合理性提出质疑，具有一定代表性。《深圳市经济特区碳排放管理若干规定》第4条确认深圳市发展改革委有确

定碳排放管控单位碳排放额度的权力。《深圳市碳排放权交易管理暂行办法》第 19 条规定了碳排放管控单位的实际排放配额计算公式。法院同时认定，排放配额应根据目标碳排放总量、产业发展政策、行业发展阶段、减排潜力、历史排放情况和减排效果等因素综合确定，与企业上一年度的实际工业增加值密切相关，原告翔峰公司对排放配额的分配原则和实际碳排放量存在错误认识，予以驳回。

国家发展改革委于 2014 年 12 月颁布的《碳排放权交易管理暂行办法》的相关规定过于宽泛，没有为排放配额计算提供可直接援引的法律依据；正在制定中的《全国碳排放权交易管理暂行条例》曾被列入国务院 2015 年度立法计划，但在征求立法意见过程中，由于利益相关方在核心条款上的分歧较大，迟迟未予发布。因此，本案审理法院在审理中认定，由于没有国家上位法，深圳市政府规章《深圳市碳排放权交易管理暂行办法》依据深圳市人民代表大会《深圳市经济特区碳排放管理若干规定》授权确定的计算公式具有法律效力。

二、核查报告的效力受到质疑

原告翔峰公司对核查机构、核查报告效力的质疑也具有一定的普遍性。《深圳市经济特区碳排放管理若干规定》第 7 条规定，"碳排放管控单位应当向深圳市政府碳排放权交易主管部门提交经第三方核查机构核查的年度碳排放报告。"第三方核查机构和核查人员由《深圳市碳排放权交易管理暂行办法》第 5 条规定的市场监督管理部门进行监督管理。

在本案中，深圳市环通认证中心作为核查机构出具的《深圳市碳排放权交易组织温室气体排放核查报告》确认，"原告翔峰公司 2014 年温室气体排放总量为 6614.15 吨二氧化碳当量。"审理法院在审理中认定，本案的核查机构在深圳市场监督管理部门公布备案的核查机构名录范围内，原告翔峰公司没有证据证明该核查机构不具有相应资质，且不知道该核查机构撰写的核查报告，因此应确认该核查机构得出的核查结果。原告翔峰公司关于核查机构和核查报告无效的理由不成立，不予支持。由此可见，核查机构、核查程序和核查报告的合法性问题，急需通过立法进行规制。

三、胜诉判决执行难

《深圳市经济特区碳排放管理若干规定》第 8 条规定，"碳排放管控单位违反规定，超出排放额度进行碳排放的，由深圳市政府碳排放权交易主管部门按照违规碳排放量市场均价的 3 倍予以处罚。"深圳市碳排放权交易所有限公司出具的《关于 2015 年上半年深圳市工业配额成交数据的报告》中载明，2015 年 1 月 1 日至 6 月 30 日深圳市 2014 年排放配额的平均价格为 42.86 元/吨。因此，深圳市发展改革委对翔峰公司做出的行政处罚的罚款倍数、罚款基数均具有依据。

据调研了解，虽然深圳市发展改革委依法和依程序对翔峰公司做出了行政处罚决定书，并在历时两年的一审、二审行政诉讼中获胜。但是，由于翔峰公司已经迁出深圳市并宣布破产，深圳市发展改革委在罚款执行过程中遇到很大困难，至今未追缴到任何罚款。同时，深圳市对于此类从碳排放权交易市场收缴的罚款应该进入哪个账户、罚款资金的使用等问题，尚无明文规定和实践经验。这暴露了深圳市在碳排放权交易立法中未充分考虑细节性问题，导致执法的"最后一公里"落地难。

第三节　中国首例碳诉讼的立法启示

一、拓宽碳诉讼范围

从国际经验来看，很多国家关于应对气候变化领域的诉讼包含范围较广。行政相对人既可以对政府制定的减排目标，甚至正在制定中的应对气候变化政策等抽象行政行为提起诉讼，也可以对某项减缓气候变化措施的具体行政行为提起诉讼。例如，美国环境保护署在制定《清洁电力计划》时就面临大量诉讼，导致该计划最终未能实施。同时，从诉讼参与方来看，公众参与是美国气候诉讼的一个显著特点。美国很多环保组织介入了应对气候变化相关诉讼，对推动环境立法和司法起到了非常重要的作用。法官在审判过程中通常非常重视公众的意见和建议。如果法律草案中的温室气体减排措施过于激进，环保组织就会以适当的方式提出意见和建议，甚至代表相关产业或企业提起诉讼，由此确保了最终出台的法律内容比较务实、更具可操作性。

在中国，普通行政相对人只能针对政府某项具体的行政行为提起诉讼，如本书前文所述诉讼案件，碳排放企业只能对其受到的某项行政处罚决定提起诉讼，但是对于计量方法、核查的合理性等案件的争议焦点，企业仍无法通过诉讼来促进交易规则的改善。另外，中国环境公益诉讼还不包括行政诉讼，只有当事主体有权提起行政诉讼，环境公益组织无权对政府的某项具体行政行为提起行政诉讼。目前中国纳入碳排放权交易的单位约 3000 家，这些单位基本上都是具有一定规模的碳排放单位，且与政府之间存在千丝万缕的联系。这些企业一般不会因为碳排放权交易、排放配额把政府告上法庭，这也导致了碳诉讼数量较少、风平浪静的表象。

二、重视碳排放计量、核查和监管的制度建设

中国现行《计量法》《标准化法》中对于碳排放量的计量均无表述。在现行碳排放权交易规则中，衡量排放配额的基准线设定、核算指南、核查规则等计算方法，从国外搬到国内、从"学者书桌"搬到"田间地头"必然需要经历很长的路程。在其他传统行业，对于用能、用电、排污量等均具有比较直观、成熟、公认的计量方式。尽管中国正在逐步建立碳排放核查和报告制度，但是关于碳排放量的计量问题涉及巨大的经济利益，仍处于"没有规矩，不成方圆"阶段，这为由此展开的碳排放权交易财务审计、碳诉讼埋下了隐患。

另外，在当前中国碳排放权交易体系的整体架构中，正在构建中的碳排放权交易市场监管规则的法律层级较低，所能采取的处罚种类和力度有限；在国家行政资源整合的改革大背景下，独树一帜的碳排放权交易市场监管体制建设思路与国家现有的环保督察体系、财政监管体系尚未建立有机联系；培育碳排放权交易市场中的"监管者"需要较长过程，与碳排放权交易市场建设进程不匹配。我们在学习欧美模式、努力培育第三方监管力量、建立社会信用体系的同时，对于当前发展阶段核查机构的行业自律能力亦不能过于放任和乐观。

三、推进应对气候变化立法进程消解诉讼风险

2017年，中国碳排放权交易体系如期启动。但应注意的是，碳排放权交易市场作为一个"人造市场"，是在法律法规缺失、实践经验有限、司法检验空白、监管体系不健全的情况下启动的，碳排放权交易市场在启动过程中的未决问题不容忽视。碳排放权交易试点在建设过程中虽然均颁布了碳排放权交易的地方法规和规章，但毕竟是在有限地域、有限时段、有限纳入管理企业中开展的交易探索，因而交易量主要集中于履约期。7个碳排放权交易试点包括4个直辖市及经济发达的广东省、湖北省等。这些地区的行业人才储备情况较优，所取得的经验不足以代表全国行业性的碳排放权交易体系特征。中国碳排放权交易面临着应对气候变化法律缺失造成的突出障碍和隐患。

诉讼是解决环境纠纷的最终途径。根据"砥砺奋进"成就展公布的数字，2014—2017年全国共受理579655件环境案件，结案484474件。可见，随着生态文明建设的深入推进，环境领域各类主体活动逐渐升温，必然伴生着越来越频繁的摩擦和法律纠纷，未来生态环境诉讼将呈现井喷之势。目前，笔者仅调研到一件由碳排放权交易引发的行政诉讼案件，可见碳排放权交易市场所隐含的法律风险在试点过程中并未得到充分释放，碳排放权交易的法律制度设计尚未经历司法检验。对碳诉讼的特征和司法解决过程进行深度研究，对于倒逼应对气候变化法制建设进程、提升法制建设质量、实现以立法定纷止争的目的具有重要意义。

治病于未患，防患于未然。针对碳排放权交易市场潜在的风险，中国应加快推进《应对气候变化法》的立法进程，构建以国家法律为纲领、以碳排放条例和部门规章为主干、以配套规范性文件和地方法规规章为支撑的碳排放权交易法律体系。通过立法，中国对碳排放目标分解落实与考核制度、碳排放核算报告制度、碳排放权交易制度等核心控排制度

做出规定；通过立法，打通制度之间的联系，根据国家碳排放总量控制目标，确定国家及各省（自治区、直辖市）的排放配额总量和排放配额分配方法，在国家、省（自治区、直辖市）、重点排放单位3级主体之间建立排放配额分配、管理、交易和清缴机制；通过立法，明确市场中各类主体的权利和义务，积极探索利用市场化手段，以较低成本完成排放控制目标，为参与碳排放权交易的市场主体形成有效的法律保护，使公众对于中国碳排放权交易市场形成稳定预期，消解中国碳排放权交易市场的建设风险。

第四节　国际碳诉讼案件——以 Urgenda 起诉荷兰政府为例

一、基本案情和诉讼请求

"Urgenda"的名字由"Urgent"和"Agenda"两个词组成，寓意为"紧迫的议程"，是一个创建于2008年、仅有15名工作人员且致力于环境保护的非政府组织。2015年4月，Urgenda与886名荷兰公民依据荷兰人权法和侵权法提起集体诉讼，起诉荷兰政府在控制气候变化方面作为不够，提出了两个诉讼请求：①全球变暖是对人权的侵犯，荷兰政府必须做出更多努力予以阻止；②要求荷兰政府承担 Urgenda 的法律诉讼费用。

2015年5月，海牙地方法院就案件举行了第一次公开听证，并于2015年6月初审裁定 Urgenda 胜诉。该案在上诉后，海牙上诉法院于

2018 年 10 月 9 日对案件进行终审，并维持了 2015 年的初审判决。判决指出，荷兰政府的行为不合法，违反了其对人民应尽的义务，荷兰政府应在 2020 年之前将温室气体排放量减少至 1990 年水平的 25%。此案件被誉为全球首例关于气候变化的环境诉讼，具有里程碑意义。

二、案件裁决过程

2015 年 6 月 24 日，荷兰一家位于海牙的地方法院宣判，要求荷兰政府显著加强其在应对气候变化中的作为，判决到 2020 年荷兰必须使温室气体排放量比 1990 年的水平从目前政策的 17%减少到 25%。该法院认为，荷兰政府提出的荷兰不可能单凭自身就实现如此大规模的减排目标、荷兰的温室气体排放量不足全球排放量的 0.5%等理由不合理，不予支持。因为审判并非针对科学本身，法院认定缺乏应对气候变化科学的专业知识不影响判决。在此案审理过程中，荷兰政府并未就气候变化方面的国际科学共识进行争议和辩解。法院在审理过程中大量引用了联合国政府间气候变化专门委员会和其他国际组织的科学研究结论，采信了在国际气候治理中已经形成的共识，即显著减少温室气体排放对于阻止全球温度升高不超过 2℃十分必要。法院初审判定 Urgenda 胜诉，要求荷兰政府：一是必须采取积极应对气候变化的措施，到 2020 年必须使荷兰的温室气体排放量比 1990 年的水平减少 25%，但未具体规定政府实现这个应对气候变化目标必须采取的措施；二是支付 Urgenda 的法律诉讼费用，约 13522 欧元。

2018 年 10 月 9 日，荷兰海牙法庭对案件的上诉进行了裁决。法庭裁定支持 Urgenda 的初审胜诉判决结果，维持 2015 年的初审判决，要求荷兰政府加大温室气体减排力度，到 2020 年荷兰的温室气体排放量要比 1990 年的水平减少 25%。

三、案件分析

国际环境公约和议定书的各缔约方具有积极应对气候变化的国家责任。在气候变化这个全球性环境问题上，势单力薄的私权主体没有能力减缓气候变化可能导致的损害结果的发生。而国家政府作为公权主体，有能力采取节能、发展可再生能源、降低能耗、发展碳汇等减缓气候变化措施，降低人类活动导致的气候变化影响。尽管在本案中荷兰政府提出其温室气体排放总量很小，单靠一个国家的行动难以扭转全球气候变暖局势。但是，通过公约、议定书等国际环境立法，就有可能理性预估全球可承受的温度上升空间和碳排放预算空间，通过国际气候谈判赋予各缔约方应对气候变化的国际法律义务，最终合力解决全球变暖问题。

环境保护是最普遍的民生福祉，荷兰作为一个低地国家，气候变暖引起海平面上涨，最直接受到威胁的自然是普通民众。荷兰政府在气候变化应对上的不积极作为，视同放任了气候变化问题的加剧，对民众的生命权和财产权造成威胁和潜在侵犯。在本案中，Urgenda 与近 900 名荷兰公民正是基于人权和侵权的诉由，对荷兰政府的不作为提起诉讼，要求荷兰政府承担其国际法上的国家责任，保护公众的生命权和财产权不受气候变化的危害。

本案的被告代表了公权主体——国家负有积极应对气候变化的国家责任；本案的原告代表了私权主体——公民享有不受气候变化影响侵害的法律追责权；本案的司法审判过程代表了通过缔约方国内司法审判权保障公民的环境权，以及推助解决全球环境问题的一种崭新尝试。

参考文献

[1] 吕忠梅.《环境保护法》的前世今生[J]. 政法论丛，2014 年 10 月，第 5 期，51-61.

[2] 于文轩. 生态文明入宪，美丽中国出彩[N]. 人民日报，2018 年 4 月 17 日第 5 版.

[3] 于文轩. 生态文明法治建设研究[J]. 江苏省大学学报（社会科学版），2016 年 9 月，第 18 卷第 5 期.

[4] 王明远，王社坤. 制定专门的气候变化基本法[N]. 中国社会科学报，2011 年 12 月 6 日第 8 版.

[5] 邓海峰. 碳税实施的法律保障机制研究[J]. 环球法律评论，2014（4）：104-117.

[6] 于文轩，李涛. 论排污权的法律属性及其制度实现[J]. 南京工业大学学报（社会科学版），2017，16（3）：51-56.

[7] 常纪文.《气候变化应对法》的立法构想[N]. 中国环境报，2012 年 5 月第 3 版.

[8] "温室气体排放基础统计制度和能力建设"项目研究小组. 中国温室气体排放基础统计制度和能力建设研究[M]. 北京：中国统计出版社，2016.

[9] 国家发展改革委，国家统计局，环境保护部，中央组织部. 关于印发《绿色发展指标体系》《生态文明建设考核目标体系》的通知（发改环资〔2016〕2635 号），2016 年 12 月.

[10] 哈佛大学法学与国际发展协会，奥睿律师事务所. 美国应对气候变化的法律与法规：可供中国气候变化立法借鉴的经验[R]. 2016.

[11] 美国自然资源保护委员会，国际电力监管援助计划，理查德·艾尔斯／艾尔斯法律集团，美国能源基金会中国可持续能源项目. 中国大气污染防治法修改：基于国际经验的建议[R]. 2009年7月.

[12] 邓海峰. 排污权——一种基于私法语境下的解读[M]. 北京：北京大学出版社，2008.

[13] 吕忠梅，王国飞. 中国碳排放市场建设：司法问题及对策[J]. 甘肃社会科学，2016，(5)：161-168.

[14] 崔建远. 准物权研究（第2版）[M]. 北京：法律出版社，2012.

[15] 王明远. 论碳排放权的准物权和发展权属性[J]. 中国法学，2010，(6)：94-101.

[16] 徐华清，田丹宇，丁丁. 依法推动应对气候变化工作势在必行[J]. 中国能源，2016，38（11）：5-8.

[17] 田丹宇，丁丁，徐华清. 开展低碳发展立法思路初探[J]. 中国能源，2015，37（11）：20-22.

[18] 田丹宇. 国际应对气候变化资金机制研究[M]. 北京：中国政法大学出版社，2015.

[19] 田丹宇，柴麒敏，徐华清. 加强新时代国家气候安全法治保障[J]. 中国能源，2018，40（5）：27-29+47.

[20] 田丹宇. 中国地方应对气候变化立法研究[J]. 法治社会，2018，15(3)：83-91.

[21] 田丹宇. 我国碳排放权的法律属性及制度检视[J]. 中国政法大学学报，2018，65（3）：76-89+208.

[22] 田丹宇. 应对气候变化立法研究[J]. 世界环境，2018，172（3）：61-64.

[23] 田丹宇. 应对气候变化法律制度体系研究[C]. 首届"跨学科视野下的生态法"青年学者学术论坛——"共识与分歧：生态法与传统法理学对话"会议论文集，2018年7月.

[24] 于文轩，朱炳成. 能源法制前沿问题研究[M]. 北京：中国政法大学出版社，2019.

[25] 田丹宇. 中国目前气候治理组织机构评析[J]. 中国政法大学学报，2013，(1)：139-150+161.

[26] 田丹宇. 国外应对气候变化管理体制研究[J]. 世界环境，2019，176（01）：21-24.

[27] 田丹宇. 全国首例碳诉讼调研报告[C]. 2018年中国环境科学学会环境法学分会年会论文集，2018年12月.

[28] 田丹宇. 适应气候变化的法律制度研究[C]. 2018年中国环境科学学会环境法学分会年会论文集，2018年12月.

[29] 汉斯·威廉·希弗. 煤炭在欧盟能源供应中的角色[J]. 基石，2016年第3期.

[30] 王彩霞. 德国《可再生能源法》修订之路及启示[N]. 中国电力报，2016年9月26日第3版.

[31] 于文轩. 环境资源与能源法评论[M]. 北京：中国政法大学出版社，2017.

[32] 于文轩，田丹宇. 美国和墨西哥应对气候变化及其借鉴意义[J]. 江苏大学学报（社会科学版），2016，（2）：1-6.

[33] 田丹宇. 德国《巴登符腾堡州气候保护法》及其对我国的启示[J]. 中国经贸导刊，2016，（12）：85-87.

[34] 马爱民，田丹宇，丁辉. 气候投融资问题初探[J]. 中国能源，2017，39（1）：11-14.

[35] 田丹宇，徐华清. 法国绿色增长与能源转型的法治保障[J]. 中国能源，2018，40（1）：35-38.

[36] 财政部办公厅. 关于征求《碳排放权交易试点有关会计处理暂行规定（征求意见稿）》意见的函. 2016年9月23日发布.

[37] 李滢嫣. 南非将出台专项法案应对气候变化[N]. 人民日报，2018年8月13日第22版.

[38] 国际能源署（IEA）. 2017世界能源展望[R]. 网址：http://www.iea.org.

[39] BP. 2016年世界能源统计年鉴[R]. 网址：http://www.bp.com.

[40] 法国政府法律文库. 法国低碳国家战略[N]. 网址：https://www.ecologique-solidaire.gouv.fr/sites/default/files/SNBC_Strategie_Nationale_Bas_Carbone_France_2015.pdf.

[41] 法国政府法律文库. 法国国家碳预算和国家低碳战略[N]. 网址：https://www.legifrance.gouv.fr/affichTexte.do?cidTexte=JORFTEXT000031493783&categorieLien=id.

[42] BP. 2018年世界能源统计年鉴[R]. 网址：bp.com/statisticalreview.

[43] Climate Change Act 2008 explanatory note[R]. 2009, 网址：http://www.legislation.gov.uk/ukpga/2008/27/contents.

[44] Commission of the European Communities. Green Paper——A European Strategy for Sustainable, Competitive and Secure Energy[R]. March 8, 2006.

[45] Australian Greenhouse Office, Department of the Environment and Water Resources. Climate Change Adaptation Actions for Local Government[R]. 2007.

[46] Churchill, Robin and David Freestone. International Law and Global Climate Change[M]. Graham & Trotman/M. Nijhoff, 1991.

[47] Rachel Brewster. Stepping Stone or Stumbling Block: Incrementalism and National Climate Change Legislation[J]. Yale Law and Policy Review, 2010, 28（2）：245-312.

[48] Birnie, Patricia W., Alan E. Boyle, Catherine Redgwell. International Law and the Environment (3rd edition)[M]. Oxford University Press, 2009.

[49] United Nations Framework Convention on Climate Change. 1992, 网址：https://unfccc.int/.

[50] Overview of the Bill of the Basic Act on Global Warming Countermeasures (Provisional Translation)（日本）.

[51] BILLS DIGEST. Carbon Pollution Reduction Scheme Bill 2009 (No. 2)[R]. 29 October, 2009, 59, 1328-8091.

[52] Parliamentary Library Information. Analysis And Advice for The Parliament（澳大利亚）.

[53] Submission by Business NZ to the Finance and Expenditure Select Committee on-Climate Change Response (Moderated Emissions Trading) Amendment Bill（新西兰）.

后　记

笔者于 2010 年 8 月有幸借调到国家发展改革委应对气候变化司综合处工作，开始在领导的带领下接触应对气候变化立法，结识了许多国内顶级国际法学领域、能源资源领域、环境法学领域的专家学者，有幸见证或参与了 10 余项国家应对气候变化立法研究项目。感谢一路走来带领我开展应对气候变化立法的领路人，按时间顺序为马爱民、李丽艳、孙桢、林灿铃、李高、徐华清、王灿发、丁丁、黄问航、常纪文、于文轩、丁辉、曹明德、邢佰英……他们或是我的恩师，或是我的领导，或是我的同事，更是一路推进国家应对气候变化法治进程的践行者。

几年来，国家应对气候变化事业随大势有起有伏，立法进程有快有慢。我始终以应对气候变化立法作为本职研究工作，感恩应对气候变化司、中国政法大学和国家气候战略中心的工作视野、专业熏陶和研究平台，也从中国政法大学、国家能源所、清华大学、中国社科院、人民大学、武汉大学等从事立法研究的专家学者身上获益良多。在从事应对气候变化立法过程中，我努力尝试写了一些小文章，也曾有幸随团赴美国、墨西哥、德国、法国和韩国进行国际应对气候变化立法交流，赴西宁市、成都市、南京市、武汉市、南昌市、石家庄市和深圳市进行国内应对气候变化立法调研，在此过程中形成了一些调研报告和心得体会，一并收录于本书中。本书既是一名一线从业人员对应对气候变化立法问题的一些思考与论证，也是一名硕士成长为副研究员的奋斗与成长，能够有此一番，实乃人生幸事。

十年荏苒，得失寸心知。回首一望，还有很多应该做好而没有做好的事情，还有很多需要深入研究而没有深研的专题。我知道自己还将继续坚定地走下去，坚持推动《应对气候变化法》出台。哪怕希望忽明忽暗，管他世界变化万千……

田丹宇

2020 年 2 月